Par Desallier d'Argenville

30600

DESCRIPTION
SOMMAIRE
DES OUVRAGES
DE L'ACADÉMIE.

LE TEMPS COURONNE LE GÉNIE.

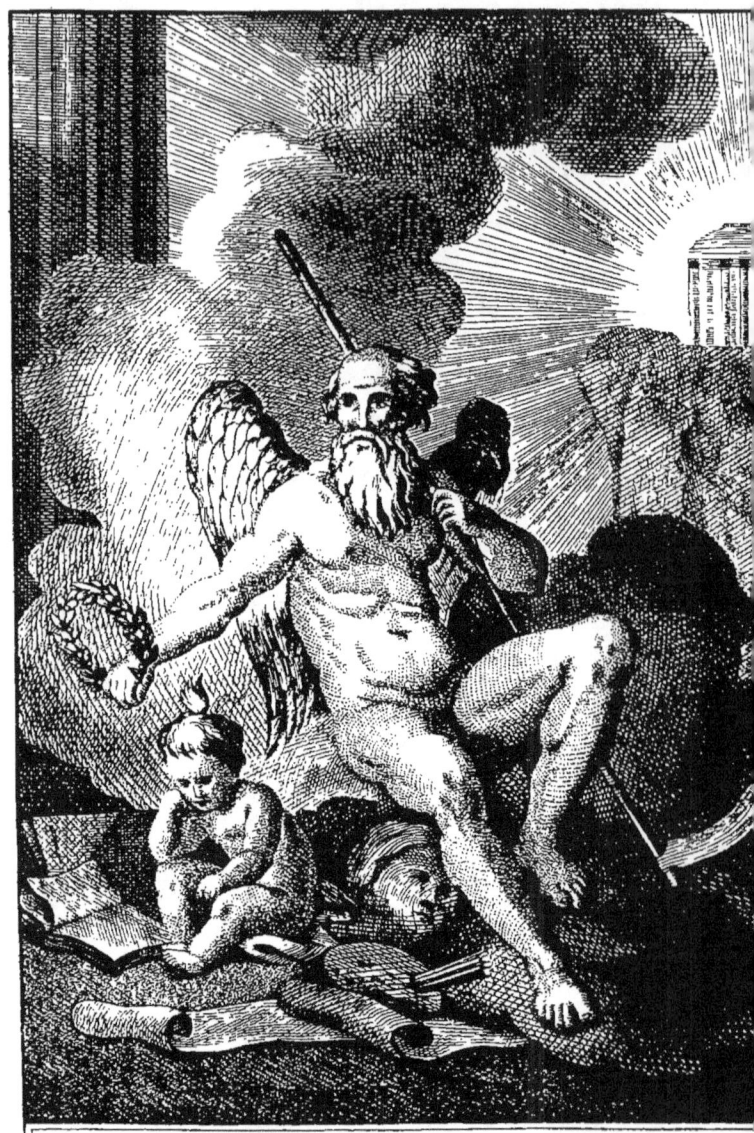

Je ne demande pour Salaire
Que l'Honneur et la Liberté:
Content du simple Nécessaire
Je vis pour la Posterité.

DESCRIPTION
SOMMAIRE
DES OUVRAGES
DE PEINTURE,
SCULPTURE ET GRAVURE
EXPOSÉS DANS LES SALLES
DE L'ACADÉMIE ROYALE,

Par M. D***.

Prix, 24 fols.

A PARIS,

Chez DE BURE père, quai des Auguſtins, près la rue Pavée.

M. DCC. LXXXI.

AVEC APPROBATION ET PERMISSION DU ROI.

A MESSIEURS
DE
L'ACADÉMIE ROYALE
DE PEINTURE
ET DE SCULPTURE.

MESSIEURS,

L'AMOUR des Arts, dans le sein desquels j'ai été élevé, m'a fait entreprendre cet ouvrage. Le dédier à l'Académie, c'est m'acquitter envers elle d'un hommage légitime. Les salles qui renferment ses Chefs - d'œuvres, sont

a iij

autant d'archives du goût : ma Description destinée à les faire plus particulièrement connoître, prouvera mieux qu'un pompeux éloge, qu'on peut tout attendre d'une Compagnie qui a son Prince pour protecteur, & qui est sous la direction d'un Ministre dont les démarches sont dictées par un goût sûr & éclairé. Je ne puis trop me féliciter, MESSIEURS, d'avoir cette occcasion de vous témoigner mon estime singulière pour vos talens, & de vous assurer du respect avec lequel je suis :

MESSIEURS,

Votre très-humble & très-obéissant serviteur,
DESALLIER D'ARGENVILLE.

PRÉFACE

Il y a bien des années que j'ai commencé cette Description de l'Académie royale de Peinture & de Sculpture, pour l'insérer dans mon *Voyage pittoresque de Paris*. Elle auroit vu le jour dès-lors, sans des circonstances & des affaires imprévues. Je viens enfin de reprendre mon travail & je l'ai mis dans l'état où il est actuellement.

On sait que tous les Artistes qu'adopte l'Académie, sont obligés de lui donner (*a*) un ouvrage

---

(*a*) Il n'y a que ceux qui ont commencé

suivant le genre & le talent qu'ils professent. C'est un monument de leur mérite & de leur capacité, déposé dans le Sanctuaire des Arts. En le décrivant, je me suis proposé de réveiller la curiosité des Amateurs, & de les inviter à juger par eux-mêmes des progrès que les Arts font en France. Ils n'hésiteront point à convenir que le bon goût qui s'est étendu jusque sur les Arts inférieurs, ne doive être attribué à une Compagnie occupée de sa perfection.

---

l'établissement de ce corps, au nombre de vingt-deux, & très-peu d'autres, qui ayent été exempts de cette loi.

PRÉFACE. vij

Je vais commencer par mettre sous les yeux du lecteur les époques les plus honorables à l'Académie, & lui donner une idée des charges exercées par ses Membres.

Cette Compagnie établie en 1648, sous le règne d'un des plus grands Monarques que la France ait eus, doit ses progrès rapides à la protection de celui de ses Ministres qui a le plus favorisé les Arts & les Sciences. Avant elle, les premiers étoient exercés par des Peintres & des Sculpteurs, auxquels le Roi ou la Reine accordoient des brevets. Le Chancelier Seguier & Charles le Brun eurent la principale part

PRÉFACE.

à son établissement. Le Cardinal Mazarin en fut le premier Protecteur, & le Chancelier Seguier, Vice-Protecteur.

Après avoir tenu ses séances en divers endroits, l'Académie obtint du Roi un logement aux Galeries du Louvre, où elle s'installa le premier Juillet 1660. L'année suivante, la Compagnie fut transférée dans la galerie du Palais Brion qui faisoit partie du Palais royal : ses assemblées y furent tenues durant trente-un ans. Elle n'en sortit que le 2 Février 1692, pour occuper au vieux Louvre une partie du pavillon qui renferme les archives du Conseil. Depuis elle a quitté le lieu de son école, & par le don de plusieurs pièces, elle s'est aggrandie & arrangée dans l'état actuel.

L'Académie, premièrement installée dans la galerie du palais Brion, s'occupa à refondre ses anciens statuts, & à en rédiger de nouveaux, que le Roi autorisa par des lettres patentes en 1663. Sa Majesté lui fit don de la somme de 4000 livres par chacun an, somme qui dans la suite a reçu divers accroissemens, & a été portée en 1776 à celle de 10000 liv.

L'établissement d'une Académie à Rome devoit mettre le comble à tant de bienfaits.

Colbert, persuadé que le voyage d'Italie étoit essentiel à l'éducation des jeunes artistes, l'obtint du Roi en 1665. On sait que l'objet de cet établissement est de perfectionner les élèves de l'Académie de Paris, qui ont mérité par les prix décernés à leurs talens, d'être envoyés à Rome, & d'y être pensionnés de Sa Majesté durant quatre ans. Un Membre de l'Académie en est toujours Directeur. Errard eut l'honneur de posséder le premier cette place que M. Vien occupe aujourd'hui.

L'Académie ne fut pas toujours florissante, elle eut des momens de langueur & d'inac-

PRÉFACE. xj

tion si funestes aux Arts. Il falloit, pour les ranimer, former des Amateurs, réveiller l'émulation, & l'entretenir. Les expositions de tableaux au salon du Louvre opérèrent cette heureuse révolution. Ce fut en 1737, sous la direction de M. Orry, Contrôleur général des finances & protecteur de l'Académie, que fut ouvert le premier salon (*a*) de concours de toute la

---

(*a*) Il y avoit déjà eu deux expositions à des époques fort éloignées l'une de l'autre ; la première dans une des Cours du Palais royal en 1673, la seconde dans la grande Galerie du Louvre en 1704. Je ne donnerai point le nom d'exposition à celle où le Moine & de Troy furent couronnés. Elle n'avoit point été générale.

Compagnie. L'expofition commença par être annuelle : dans la fuite, pour la rendre plus riche, on en fixa l'époque à deux années, ufage qui s'obferve depuis 1748.

Vers la fin de 1747, M. Orry meurt. L'Académie n'héfite point à décerner à M. de Tournehem, Directeur des bâtimens, un titre qui lui eft légitimement dû, celui de fon protecteur. Il faifit cette occafion d'affurer à la Compagnie les effets de la plus puiffante protection. Sa générofité le conduit au pied du Trône ; *Sire*, dit-il au Roi, *je fupplie Votre Majefté de vouloir bien agréer que déformais elle foit elle-*

même la protectrice immédiate de son Académie de Peinture & de Sculpture, & qu'elle lui fasse passer ses ordres par le Directeur général de ses bâtimens. Le Roi accorda sa demande avec bonté, & c'est de ce moment, qu'on peut dire qu'elle a une illustration dont elle n'avoit pas joui jusqu'alors.

L'année suivante, fut établie l'Ecole des élèves protégés par le Roi. Ceux qui avoient gagné le grand prix en Peinture & en Sculpture, y étoient logés & défrayés de tout durant trois ans, afin de les détourner, en attendant leur départ pour l'Italie, de travaux capables de ralentir leurs progrès. Cette Ecole, après s'être soutenue pendant plus de vingt années, a été supprimée en 1775.

L'événement le plus intéressant de 1762 est la concession de la galerie d'Apollon, sous la direction de M. le Marquis de Marigny. L'Académie qui n'avoit eu jusqu'alors qu'un petit escalier, fait en vis, & un corridor fort obscur par le grand escalier, en jouit actuellement d'un, également digne de la beauté du lieu & des objets qu'il renferme.

La mort de René-Michel Slodtz, Dessinateur de la Chambre & des menus plaisirs du Roi,

donna

donna lieu en 1764 à une demande faite à la Compagnie, dont on ne connoiſſoit point encore d'exemple. MM. les premiers Gentilshommes de la Chambre s'adreſsèrent au Directeur général des bâtimens, & le prièrent d'engager l'Académie à leur indiquer ceux de ſes Membres qu'elle jugeroit les plus capables de remplir la place de ce fameux Artiſte. L'Académie déſigna MM. Boucher, Pierre, Cochin, Challes & de Machy; MM. les Gentilshommes ſe décidèrent pour Challes, les deux premiers ayant remercié.

C'eſt encore à cette année qu'il faut rapporter les deux événemens suivans. Le premier est l'ouverture de la correspondance de la Compagnie avec l'Académie impériale de Pétersbourg nouvellement créée. Elle la pria de nommer un de ses Membres à une place d'associé libre dans son corps, afin d'entretenir une union amicale entre les deux Compagnies. Le second est l'érection d'un monument dans l'Académie, relatif à l'époque où Louis XV avoit bien voulu la prendre sous sa protection immédiate.

Un troisième événement mémorable est celui du 8 Novembre 1768. Le Roi de Dannemarck vint visiter l'Académie; les honneurs lui en furent faits par le Directeur général des bâtimens, la Compagnie fut convoquée, on y posa un grouppe de deux modèles.

L'Académie qui ne se soutient que par les bienfaits du Roi, fut obligée alors d'en solliciter de nouveaux. Sa Majesté lui accorda la permission d'établir à son profit de petites boutiques dans les demi-lunes du pont-neuf. Cet événement appartient proprement à l'année 1774, lorsque M. le Comte d'Angiviller fut nommé Directeur général des bâtimens; il obtint du Roi que ces boutiques seroient construites par les Bâtimens de Sa Majesté. Ses bienfaits s'étendent plus loin; il annonce à la Compagnie que le Monarque est dans l'intention de faire exécuter chaque année quatre ou cinq tableaux d'histoire, dont quelques-uns seront consacrés à la nôtre, & deux statues de marbre destinées à perpétuer la mémoire des hommes illustres de la France. Son choix s'arrête en même temps sur celles de Sully, du Chancelier de l'Hôpital, de Descartes & de Fenelon. Qu'il est beau de rappeler ainsi les Arts à leur véritable destination !

M. d'Angiviller n'avoit plus qu'une chose à faire pour eux,

c'étoit d'effacer entièrement un reste d'esclavage, triste monument de la barbarie des siècles qui ont vu naître les Arts. Jaloux de leur procurer la liberté & le repos si nécessaires à leur existence, il a obtenu de Sa Majesté en 1776, que les ouvrages de Peinture & de Sculpture seroient désormais insaisissables, à l'exception du genre de Peinture en impression, qu'on estime au toisé. Tout ce qui est véritablement Art, s'exerce actuellement avec une entière liberté & à l'abri de toute persécution. Aussi peut on dire sans flatterie que ce Ministre des Arts fait revivre les beaux jours du ministère de Colbert. L'Académie s'est empressée de perpétuer la mémoire d'un aussi heureux événement. Le nouveau sceau de cette Compagnie est un monument de son éternelle reconnoissance: il représente Minerve; le revers porte, *libertas Artibus restituta*, la liberté rendue aux Arts.

Depuis que la Communauté des Maîtres Peintres a fermé son Ecole, en 1776, l'Académie a deux salles d'étude du modèle, une en haut & l'autre en bas. Dans la partie de ces salles la mieux exposée au jour, est élevée une table sur laquelle se met le modèle; c'est un homme nu,

PRÉFACE.
auquel le profeſſeur fait prendre une attitude. Autour ſont des bancs par degrés d'élévation, où ſe placent les élèves pour y deſſiner ou modeler à la lumière du jour, durant les ſix mois de l'année où les jours ſont les plus longs, & dans les autres, à la clarté d'une lampe à pluſieurs lampions, ſuſpendue de manière à éclairer avantageuſement le modèle, & tous ceux qui travaillent d'après lui.

Les faces des murs de ces ſalles offrent les tableaux & les bas-reliefs ſur leſquels les élèves ont remporté les quatre prix royaux qui ſe délivrent annuellement à la fête de Saint-

Louis, & dont les sujets sont ordinairement tirés de l'ancien testament. Ces prix consistent en quatre médailles d'or de l'histoire du Roi, deux pour la Peinture, & deux pour la Sculpture. Les élèves admis à la composition des prix, doivent avoir une certaine capacité. Ils entrent chacun dans une loge, où ils travaillent sous la clef au sujet qui leur a été donné à traiter. Lorsque leurs ouvrages sont achevés, on les expose en public dans les salles de l'Académie le jour de la Saint-Louis, & le jugement s'en fait ensuite par les suffrages des Académiciens donnés au scrutin. Les deux

PRÉFACE. xxiij

deux élèves qui ont eu les deux premiers prix, font conduits à l'Académie de Rome, & entretenus à la penfion du Roi durant quatre ans.

Outre les prix dont je viens de parler, on en accorde tous les trois mois trois autres qui font des médailles d'argent, auffi de l'hiftoire du Roi, & d'inégale valeur. Tous les élèves peuvent y prétendre, fur leurs études d'après le modèle. L'avantage attaché à ces médailles, eft de donner aux vainqueurs le droit de choifir leurs places à l'Ecole avant ceux qui ne l'ont point été, & que l'on nomme fimplement appelés. Ces médaillistes ne choisissent leurs places qu'à leur rang, c'est-à-dire, que celui qui a obtenu une première médaille, a le pas sur celui qui n'en a remporté qu'une seconde, ainsi du reste. Ce même ordre s'observe dans la classe des appelés.

Pour donner une idée des charges que les Académiciens exercent, je dirai qu'il y a un *Directeur* qui préside aux assemblées & veille à toutes les affaires de la Compagnie.

Un *Chancelier* pour viser & sceller du sceau de l'Académie les expéditions de lettres de réception, & autres actes qui en émanent : il exerce cette charge durant fa vie.

Quatre *Recteurs* qui doivent préfider par quartier aux affemblées en l'abfence du Directeur, fe trouver à l'Académie pendant les trois mois de leur exercice, afin de veiller avec le Profeffeur de mois, à l'ordre qui s'obferve dans l'Ecole du modèle, & corriger les ouvrages des jeunes gens.

Les recteurs ont deux *Adjoints* pour fuppléer à leur abfence.

Douze *Profeffeurs* qui en font les fonctions, chacun durant un mois. Cependant depuis l'établiffement de la nouvelle

Ecole, chaque Professeur a deux mois d'exercice, mais il n'en a qu'un *en titre*, pendant lequel il siége aux assemblées, à la gauche du Directeur. Dans l'autre que l'on nomme de supplément, il n'a de place que celle qui lui est donnée par son ancienneté. Le Professeur de mois doit se trouver tous les jours à l'Académie, pour tenir les élèves en règle, & corriger leurs ouvrages.

Six *Adjoints* aux Professeurs, qui en font les fonctions en leur absence.

Deux *Professeurs*, l'un d'anatomie, & l'autre de perspective.

Un *Tréforier* qui fait la recette des revenus de l'Académie, & a la garde des ouvrages de Peinture, de Sculpture, & des meubles.

Il y a une claſſe d'*honoraires Amateurs*, & une d'*honoraires Aſſociés libres*; toutes deux compoſées de perſonnes de conſidération admiſes dans la Compagnie par honneur, comme Connoiſſeurs & Amateurs des Arts qui dépendent du deſſin : les premiers ſeuls ont voix délibérative après les Recteurs & leurs Adjoints.

Huit Académiciens qui ont des talens particuliers, forment une claſſe de *Conſeillers*.

PRÉFACE.

Le *Secrétaire* Historiographe tient les registres des délibérations & des expéditions, a la garde des titres & papiers, fait l'ouverture des affaires dont on doit traiter en chaque assemblée, & recueille ce qui se dit dans les conférences pour les mettre au net. En l'absence du Chancelier, il scelle les provisions, mais en présence de l'Académie. Il est perpétuel.

Pour le service, la Compagnie a deux *Huissiers*; le premier fait la fonction de Concierge.

Le Roi entretient trois ou quatre hommes pour servir de modèle dans les Ecoles qui sont ouvertes tous les jours l'après midi, & tiennent deux heures entières.

L'appartement qu'occupe l'Académie est actuellement composé de cinq pièces, sans y comprendre les deux salles de modèle dont j'ai parlé. Il est ouvert tous les jours aux Amateurs.

L'antichambre renferme quelques tableaux de réception.

La grand'salle est décorée des ouvrages sur lesquels les anciens Académiciens ont été admis dans la Compagnie, & des portraits de Louis XIV, de Louis XV, des Directeurs Généraux des Bâtimens & des Protecteurs de l'Académie.

Au bas de ces tableaux sont rangés les ouvrages en marbre sur lesquels les Sculpteurs ont été reçus.

On voit dans la seconde salle les portraits des Académiciens, & les moules faits sur les plus belles antiques tant d'Italie que de Versailles.

La troisième, qui sert de salle d'assemblée, offre des sujets d'histoire peints par les Académiciens modernes.

La galerie d'Apollon, que sa Majesté a donnée à l'Académie, renferme les ouvrages de ses membres, dont un très-grand nombre, faute de place, étoit dérobé aux yeux du Public.

DESCRIPTION

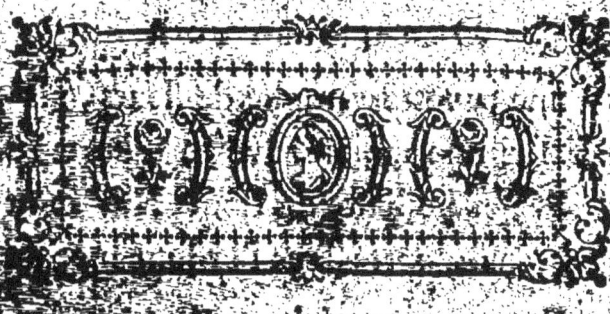

DESCRIPTION
SOMMAIRE
DES OUVRAGES
DE PEINTURE
SCULPTURE ET GRAVURE

EXPOSÉS DANS LES SALLES
DE L'ACADÉMIE ROYALE

EN CHAMBRE

fleurs & de fruits

est une cuvette remplie de fleurs, placée sur une table couverte d'un tapis de Perse. Le buste de Louis XIV feint de bronze, entre dans l'ordonnance du sujet.

Un Payfage où l'on voit un lac dans le vallon de plusieurs collines, sur le bord duquel se reposent des bœufs gardés par de jeunes filles : il est de *Chavannes*.

Un Portrait de *Champagne*, fameux peintre.

Un Payfage d'*Allegrain*.

Un Tableau de *Lucas*, représentant Acis & Galathée.

Philippe de France, Duc d'Anjou, reconnu Roi des Espagnes par droit de succession, & par le testament de Charles II, mort sans enfans. Le Génie de ces royaumes préside à cet événement. Le jeune Prince que présente la

France, est reçu par l'Espagne à genoux, en présence du Cardinal Porto Carrero, Archevêque de Tolede, qui eut le plus de part à la conclusion de cette affaire. Pour montrer les obstacles qu'il a fallu surmonter, *Tavannes* a feint dans le lointain que toutes les passions des hommes qui pouvoient s'y opposer, sont mises en fuite par Hercule. Le fleuve de Bidassoa placé entre la France & l'Espagne, est peint au bas du tableau.

Un Ouvrage de *Loyr*, représentant les progrès que les arts qui dépendent du dessin ont faits en France. La Peinture & la Sculpture sont découvertes par le Temps. Différens Génies désignent les talens des artistes. Minerve portée sur son char, est accompagnée de la Renommée qui tient le portrait de Louis XIV, pour animer les arts par sa présence.

A ij

La Vocation des Apôtres, par *Matthieu* le fils.

Une Figure colossale moulée sur le marbre antique qui est à Rome dans le palais Farnèse. Elle représente Hercule se reposant sur sa massue, & tenant dans sa main gauche, appuyée sur son côté les pommes d'or cueillies dans le jardin des Hespérides. L'original est de *Glycon*, Sculpteur Athénien.

Cette Antichambre communique, à droite & à gauche, aux deux Ecoles de dessin dont j'ai parlé.

GRAND'SALLE.

PEINTURE.

Première face à droite, vis-à-vis les fenêtres (1).

Æthra, mère de Théfée, le conduit au lieu où son pere avoit caché ses souliers & son épée. Théfée leve la pierre, prend l'épée & se dispose à aller se faire reconnoître à Athenes, par M. *Brenet*.

Alexandre faisant peindre Campaspe sa maîtresse, par *Vleughels*.

La Charité romaine, de *Pesne*.

---

(1) L'ordre observé dans cette indication, consiste à commencer par le tableau d'en bas, continuer jusqu'à la corniche, redescendre ensuite & remonter alternativement, en suivant la même rangée.

Une autre Charité romaine, demi-figure, peinte par *Boullongne* le père. On donne ce nom au sujet qui repréfente une jeune femme qui conferve la vie à fon père condamné à mourir de faim dans une prifon, en le nourriffant de fon lait.

Loth dans un défert, après fa fortie de Sodôme, & enivré par fes deux filles, de *Courtin*.

Renaud & Armide, de *Boucher*.

Un Combat de cavalerie, par M. *Cafanova*.

Hercule qui tue Cacus, de *F. le Moine*.

Le Portrait d'André Bouis, peint par lui-même avec fa première femme.

Au-deffus de l'alcove, on voit la Mort de Caton d'Utique, par *le Brun*. M. de Lalive de July, Introducteur des Ambaffadeurs, a fait préfent de ce tableau à l'Académie.

Le Portrait de le Brun, grand comme nature, dans son cabinet, destiné aux exercices de la Peinture, par *Largilliere*.

Le Sacrifice de la fille de Jephté, par *St. Yves*.

Hercule & Omphale, de *du Mont le Romain* ; on le grave actuellement.

Une Bataille, de *Parrocel* le fils.

Apollon qui fait écorcher Marsyas, par *Carle Vanloo* ; Simon - Charles Miger l'a gravé.

Le Portrait de la Fosse, peint par *Bouis*, son élève.

L'Enlevement d'Amymone par Neptune, de *Noël-Nicolas Coypel*.

Alphée & Aréthuse, par *Restout* le père.

La bataille de Trasimène, par *de Dieu*.

St. Philippe, sous la figure d'un vieillard qui a les mains étendues, les bras en l'air & les yeux élevés vers le ciel. Une grande croix appuyée sur son bras & sur l'épaule droite, indique l'instrument de son martyre. Ce tableau est de *Champagne*.

Seconde face en retour. Les Amours de Mars avec la Vestale Rhéa Silvia. *Colombel* a feint que ce Dieu la trouve endormie sur le bord du Tybre. Il y paroît conduit par un petit Amour qui, pour l'enflammer à la vue des beautés de la Vestale, lève un bout du vêtement qui lui couvre le sein.

Susanne sortant du bain, de *Santère*, gravée par *Chasteau* & par *Porporati*. Dans le lointain, les deux vieillards l'observent en un état où elle croyoit être seule.

Le Désastre affreux que Niobé attira sur sa famille, pour avoir troublé le sacrifice que les Thébains offroient à Latone, par *de Troy* le fils.

Le Rétabliſſement de la religion catholique dans la ville de Strasbourg, par *Hallé* le père. Ce ſujet allégorique eſt éclairé par une lumière qui part du ciel, & où paroît le ſymbole du Saint Eſprit. Au côté droit du tableau, on voit la principale entrée de la Cathédrale de cette ville, d'où la Vérité chaſſant l'Héréſie & le Schiſme, ſemble lever les obſtacles qui avoient pu empêcher Louis XIV d'y entrer. La Victoire le couronne, & la Renommée publie cet événement.

Eſther devant Aſſuérus, par *Jouvenet*.

Une Flore d'*Oudry*.

Le Portrait du Marquis de Villacerf, par *Mignard*.

Celui de Colbert, par *le Fevre*.

Le Portrait de Philbert Orry, Contrôleur général des finances, peint par *Rigaud*.

Celui de M. le Marquis de Menars, par *Toqué*.

Louis XV dans sa jeunesse, copié par *Stiemart*, d'après *Rigaud*.

Le Cardinal de Fleury, par *Rigaud*.

Jules-Hardouin Mansart, par *de Troy* le père.

Le Marquis de Louvois, par *Herault*, d'après *Ferdinand* le Flamant.

Le Duc d'Antin, Pair de France, Directeur général des bâtimens, par *Rigaud*.

Jean-François-Paul le Normant de Tournehem, par *Toqué*.

Louis XIV après la paix de Nimègue, se repose dans le sein de la Gloire. Elle paroît sous la figure d'une femme majestueuse, ayant sur la tête une couronne d'or, & à la main une couronne de laurier qu'elle met sur la tête du Monarque. L'Europe contemple avec plaisir un objet qui lui promet un repos si desiré ; &, pour en marquer la durée, elle est accompagnée de la Tranquillité appuyée sur une colonne, & de la Paix qui brûle les instrumens de la guerre. Le lieu où se repose le Roi, est un rocher escarpé, au haut duquel s'élève une pyramide entourée de palmes & de lauriers. La Victoire & la Valeur tranquilles donnent lieu aux Génies des arts & des sciences d'en témoigner leur joie, tandis que l'Envie se cache dans un antre au pied de la montagne. Ce tableau allégorique est d'*Antoine Coypel*.

Auguste fait fermer le temple de Janus après la bataille d'Actium, par *Louis de Boullongne*. Sous le portique de ce temple, on aperçoit la figure de Janus, & devant lui un autel où l'on conduit un taureau & un bélier pour être immolés par le Prince des Prêtres, qu'un vêtement blanc diftingue. A gauche eft Augufte ordonnant de fermer les portes. Plufieurs Seigneurs l'accompagnent, parmi lefquels on remarque Mécene à qui feul l'Empereur femble adreffer la parole.

Hercule, furieux d'avoir endoffé la chemife du centaure Neffus, prend par le milieu du corps Lichas qui la lui avoit apportée pour le jeter dans la mer Ce tableau eft de *Houaffe* le fils.

Hercule entre le Vice & la Vertu, par *Delobel*.

Le Portrait de *Defportes* peint par lui-même en chaffeur qui fe repofe dans un payfage. On voit fur la terraffe beaucoup de pièces de gibier. Le peintre s'appuie fur fon fufil, & eft accompagné de plufieurs chiens, dont il en carreffe un. *Joullain* l'a gravé.

Dans l'embrafure de la première fe-

nêtre. Une Muse en pastel, par *Rosa Alba*.

Le Portrait de *Bourdon*, peint par lui-même.

Celui de Philippe Caffieri, mort en 1716, peint par *Van-Haslen*, & donné à l'Académie par son petit-fils en 1777.

Adam & Eve en miniature, deux petits tableaux ovales, de *Venevault*.

Sur le trumeau. Un homme plus qu'à demi-corps, dont le peintre est inconnu.

Le Portrait de Ratabon, Surintendant des bâtimens du Roi, par *Rabon*.

Celui du premier Président de Lamoignon, par *Ph. de Champagne*.

Le Président Dumetz, Conseiller honoraire, amateur de l'Académie, par *Lallemant*.

Un tableau dans lequel M. *Jeaurat*

de Bertry a peint des fruits & des légumes.

Le Portrait de Nocret P. peint par son fils.

Celui du Chancelier Seguier, par *Teſtelin* le jeune.

Charles Perrault, premier Architecte du Roi, par *Lallemant*.

Un Portrait d'homme inconnu.

Dans la ſeconde embraſure. L'invention de la peinture, déſignée par une jeune fille qui trace ſur une muraille, à l'aide d'une lumière, le portrait de ſon amant, par *Tournieres*.

Un ſujet galant de *Lancret*.

Son pendant que *le Bas* a gravé, eſt du même auteur.

Un vaſe rempli de fleurs peintes en miniature, par *Bailly*.

La troiſième embraſure renferme deux

tableaux de chasse, de *Van-Falens*, gravés par *Moyreau*.

Sur la quatrième face de la grand'salle, sont rangés les tableaux suivans :

Le Meurtre d'Abel par *Caïn*. *Noël Coypel* a représenté les cruels remords qui dévorent ce frère homicide, par les mouvemens de crainte & d'inquiétude qui l'agitent, dans l'attente de la malédiction que va prononcer contre lui le Père éternel présent à ses yeux. Ce tableau est de forme ronde.

Achille instruit dans la musique par le centaure Chiron. Il est de *M. Lépicié*.

Brutus, Lucretius père de Lucrece, & Collatinus son mari, jurent sur le poignard dont elle s'est tuée, de venger sa mort & de chasser les Tarquins de Rome, par *M. Beaufort*.

La Déification d'Enée, par *le Clerc*. Le fils d'Anchise tombé dans la rivière

Numique, en est retiré par une Nayade. Le Dieu du fleuve le présente à Venus sa mère qui descend du ciel, tenant dans ses mains un vase où sont le nectar & l'ambroisie.

Hercule qui délivre Prométhée du mont Caucase où Jupiter l'avoit fait attacher par Vulcain : ce héros est dans la disposition de rompre les chaînes du coupable, après avoir percé d'une flèche le vautour qui lui déchiroit le foie. Ce tableau est de *Bertin*.

Alceste tirée du sein de la mort par Hercule, & présentée par lui à Admete son époux qui vient la recevoir au devant de son palais, par *Galloche*.

Un tableau d'architecture, de *Meusnier*.

Le Portrait de Girardon, sculpteur, peint en pastel, par *Vivien*.

Le Combat inopiné d'Hercule contre les

les Centaures, par *Bon Boullongne*. La nuée qui fut fubftituée à Ixion à la place de Junon, & d'où naquirent ces Centaures, vient au fecours d'Hercule, fous la figure d'une jeune femme qui emploie, pour faire ceffer le combat, la pluie, le vent & la foudre.

L'Enlevement de Proferpine par Pluton. La déeffe effrayée, fait d'inutiles efforts pour fe débarraffer des mains de fon raviffeur. L'impuiffance où font les Nymphes de la fecourir, eft indiquée par l'action d'une d'elles qui porte la main fur une des roues de fon char pour l'arrêter. Ce tableau de *la Foſſe* eft gravé par *Louis-Simon Lempereur*.

Le Portrait de Peirre Mignard, premier peintre du Roi, par *Rigaud*.

Celui de des Jardins, fameux fculpteur, par le même. Il a la main gauche appuyée fur un des efclaves enchaînés au monument qu'il a fait élever dans la place des victoires.

Louis XIV revêtu de fes habits royaux & féant en fon lit de Juftice, par *Teftelin* le jeune. Ce peintre a placé fur les degrés du trône un globe célefte, un bufte de fculpture, & autres fymboles des arts & des fciences, pour marquer qu'ils ne font pas indignes des regards du Prince, même au milieu des occupations les plus férieufes. Ce tableau a pour fond un riche morceau d'architecture qui laiffe apercevoir par fes arcades un monument deftiné à être placé dans la Cour du Louvre, & que Poilly a gravé, d'après le deffin de *le Brun*.

Un Tableau de *Cazes*, repréfentant la victoire que remporta Hercule fur Acheloüs, dont Déjanire devoit être le prix; Œnée fon père, Roi de Calydonie, l'avoit promife à celui des deux qui feroit victorieux. La Famille royale y eſt placée ſur une eſpèce de trône, pour être ſpectatrice du combat. Acheloüs inſtruit par Thetis ſa mère, après s'être métamorphoſé en ſerpent, & de ſerpent en taureau, y paroît ſous cette dernière forme, terraſſé ſous ſon vainqueur.

La Formation de l'homme, par Promethée, *de Silveſtre ;* allégorie à la politeſſe que les arts & les ſciences introduiſent dans les lieux où ils ſont cultivés. Prométhée tient un flambeau, dont il eſt près d'animer une figure humaine, ouvrage de ſes mains, avec le ſecours de Minerve qu'il regarde, comme pour lui demander ſes conſeils. L'oppoſition de l'élégance de cette figure avec celle du lion & des autres animaux placés ſur la terraſſe du tableau, eſt un image de ce qu'eſt l'homme par nature ou par art.

Le Portrait en pastel de Robert de Cotte, premier architecte du Roi, & vice-protecteur de l'Académie, par *Vivien*.

Un tableau offrant en perspective divers bâtimens à la vénitienne sur les bords de la mer, avec des figures qui se promènent, par *Boyer*.

La Révocation de l'édit de Nantes, par *Vernansal*. Louis XIV assis sur son trône, a en vue l'exaltation de la Foi catholique peinte au lieu le plus élevé du tableau sous la figure d'une femme tenant un symbole eucharistique. A droite du Roi sont la Religion & la Charité, & à gauche la Justice. La Vérité en face est placée sur un nuage obscur, sous lequel on voit un grouppe de la Fraude, de l'Hypocrisie & de l'Hérésie montées sur le dos de la Rébellion. Ce grouppe, avec les livres hérétiques d'où sortent les Erreurs sous la forme de serpens, est précipité dans un gouffre de feu.

Le Siége de Mastrick en 1674, par *Parrocel* le père. La ville est dans le lointain : devant la place le terrein est occupé par les troupes des assiégeans qui soutiennent une vigoureuse sortie des assiégés. Le feu de l'artillerie perce à peine l'épaisseur d'une nuée de fumée & de poussière qui obscurcit l'air. Comme le Roi se trouve en personne à ce siége, il est peint sur la première ligne du tableau.

Mercure qui apporte aux Nymphes Bacchus pour le nourrir, par *Colin de Vermont*.

Le Samaritain, par *M. Jollain*.

Un Tableau de *Marot*, représentant les avantages que la paix procure aux arts à l'occasion de celle qui fut conclue en 1697 à Ryswick, entre la France & les Puissances liguées. Apollon le Dieu des Sciences, préfente à l'Académie la Paix fous la figure d'une femme noblement vêtue. Elle va au devant d'elle, accompagnée de la Peinture & de la Sculpture. L'Hiftoire & la Poëfie s'uniffent dans les mêmes fentimens. On aperçoit le temple de la paix élevé fur un roc, pour marquer que l'accès en eft difficile ; Minerve paroît auffi chaffant l'Ignorance & la Difcorde.

SCULPTURE.

En commençant à droite en entrant, on voit une Bacchante, par *Maffon* le fils, défignée par une jeune fille qui danfe avec beaucoup de grace & joue du tambour de bafque.

Hercule & l'Amour, de *Vinache*.

Le Bufte de le Brun, premier peintre du Roi, par *Coyzevox*.

Au-deffus de l'alcove, un Chrift plus

grand que nature, attaché à la croix, sculpté par *Sarazin*.

Le Buste de Mignard, premier peintre du Roi, par *des Jardins*.

Pluton qui enchaîne Cerbère, par M. *Pajou*.

Le *Quos ego*, ou Neptune qui calme une violente tempête excitée par Eole, d'*Adam* l'aîné.

Un Christ appuyé sur l'arbre de la croix, par *Bouchardon*.

Seconde face, Vulcain qui forge les armes d'Achille, par *Couſtou* le fils.

Polyphème assis sur un rocher, & tenant dans sa main droite cette espèce de flute appelée *syrinx*. Les flots de la mer qui battent le pied du rocher, semblent réveiller l'idée de ses amours si mal reçus de la Nymphe Galathée, par *Vanclève*.

Le Buste du Chancelier Seguier, par *Herard*.

Celui du premier Président de Lamoignon, par *Girardon*.

Le Buste d'Edouard Colbert, Marquis de Villacerf, Surintendant des bâtimens, par *des Jardins*.

Celui de Michel le Tellier, Marquis de Louvois, Ministre & Secrétaire d'état, Surintendant des bâtimens, par *Girardon*.

Louis XIV, en buste, par *Granier*.

La Valeur qui met une couronne de chêne sur la tête d'Hercule ; bas-relief de *des Jardins*.

Son pendant représente l'union qu'ont entre elles la Peinture & la Sculpture, désignées par deux jeunes femmes qui s'appuient l'une sur l'autre, par *Buiret*.

Le Buste du Duc d'Antin, par *Coyzevox*.

Celui

Celui de Jean-Baptiste Colbert, Surintendant des Bâtimens, par le même.

Le Buste du Cardinal Mazarin, premier Protecteur de l'Académie, par *Leranbert*.

Celui de J. H. Mansard, Surintendant des Bâtimens, par *Lemoyne* père.

Hercule monté sur un bucher, pour se délivrer des douleurs qui l'avoient rendu furieux. Il s'efforce d'ôter cette chemise, fatal instrument des vengeances du Centaure Nessus, par *Coustou* le jeune.

Première embrasure. Un Bas-relief allégorique au rétablissement de la santé de Louis XIV, après une dangereuse maladie en 1687, par *Coustou* l'aîné. A côté du Buste du Roi placé sur un piédestal, paroît Apollon, le Dieu de la médecine, qui a le pied sur un dragon, & qui couvre le buste de son manteau, pour le défendre de la malignité de plusieurs spectres qui paroissent dans une nuée obscure, & qui désignent les causes des maladies. La France tranquille près de la figure du Prince, en témoigne sa joie & semble rendre des actions de graces à celui qui le lui a conservé.

La Vierge âgée, dans un état de soumission aux souffrances que Siméon lui avoit prédites ; médaillon sculpté par *Girardon*.

Un Bas-relief qui représente le Temps faisant connoître la vérité, par *Fremin*.

Le Médaillon de St. Jacques le mineur ; près de lui est une espèce de massue qui désigne le levier avec lequel il fut assommé ; il est de *Clérion*.

St. Thomas sculpté par *Vighier*. Il tient une hache avec laquelle il fut martyrisé.

Le Médaillon de St. Jacques le majeur, par *Herard*. Il a les yeux baissés vers la terre, & tient un bourdon, symbole des voyages de dévotion qui se font à Composteile en Galice, où sont ses reliques.

St. Jérôme affoibli par les travaux de la pénitence ; médaillon sculpté par *Flamen* le père. Ce Saint nu de la ceinture en haut, frappe sa poitrine d'un caillou, de la même main dont le bras plié embrasse le Crucifix qu'il regarde attentivement.

Un autre représentant S. Barthelemi ; près de lui on voit un couteau qui fut l'instrument de son Martyre, par *le Comte*.

Le Médaillon de St. Matthias, par *Vighier*. On voit à sa main la lance dont il fut percé.

Un jeune Bacchus moulé sur l'antique.

Seconde embrasure. Le Médaillon de

St. Jean l'Evangéliste, par *Mazeline*. Il écrit son Evangile, & l'aigle qui regarde fixement le soleil, indique que ce Saint dans ses écrits s'est élevé jusqu'au sein même de la Divinité.

St. Matthieu écrivant son Evangile, par *Bourderelle*. Il semble prendre conseil d'un jeune homme, qui est l'attribut qu'on lui donne, parce qu'il s'est attaché à décrire la naissance temporelle de Notre-Seigneur.

Un Combat de deux lutteurs corps à corps, moulé sur l'antique qui est à Florence dans le palais du Grand Duc.

St. Luc à mi-corps, par *Raon*. L'opinion où l'on est que ce Saint étoit peintre, a donné lieu au sculpteur de lui faire tenir un dessin de l'image de la Sainte Vierge copiée d'après celle qu'on lui attribue.

St. Marc écrivant son Evangile sur

des tablettes à la manière des anciens; une tête de lion lui sert de pupitre; c'est le symbole qui le distingue des autres Evangélistes. Ce médaillon a été fait par *Arcis*.

La Vénus de Médicis, moulée sur le marbre antique.

Un Grouppe de bronze de trois figures représentant l'enlevement d'Helene par Pâris: un marinier dans son vaisseau, s'efforce de démarer du port où il les attendoit, par *Bertrand*.

Troisième embrasure. St. Jean-Baptiste appuyé contre un rocher, tient d'une main une croix faite de roseau, & met l'autre sur un agneau; ce qui exprime les trois principales circonstances de sa vie, par *Regnauldin*.

Un Médaillon sculpté par *Hutinot*. Il représente la Vertu ou l'Amour des beaux arts tenant un soleil. Elle est découverte par le Temps qui tire un rideau. Près d'elle un Génie paroît avoir en dépôt les instrumens des beaux arts.

Un Médaillon de Saint Paul, par *Masson* le père. Il a une main levée vers le ciel, & il appuie son bras droit sur le livre de ses Epîtres. Près de son épaule, on voit l'épée qui fut l'instrument de son martyre.

Les Victoires que l'Eglise catholique a remportées sur l'hérésie. *Hardy* les a désignées par une femme majestueuse qui a le voile levé pour se faire connoître à tout le monde. Elle a dans une main une croix, & dans l'autre une flamme, symbole de la charité dont elle est animée. A son côté un Ange tient ouvert le livre de la vérité, & derrière elle sur un autel est un ciboire : elle foule aux pieds une figure difforme, emblême de l'hérésie & du schisme.

La femme pécherefse qui va trouver Notre-Seigneur chez Simon le Pharifien, par *le Hongre*.

Un Bas-relief dans lequel *Magnier* le père a voulu mettre en queftion, lequel des deux de la nature ou de l'art doit avoir la préférence. Il a placé au milieu un piédeftal fur lequel eft le Phénix renaiffant de fes cendres, comme un fymbole commun à la Nature & à l'Art. A fa droite la Nature défignée par une belle femme, carreffe un enfant qui vient fe jeter à elle : à fes pieds eft un vautour. A gauche, un homme de bonne mine ayant près de lui plufieurs fortes d'inftrumens, repréfente l'Art en général, & eft accompagné de la Peinture qui lève les bras pour recevoir une palette & des pinceaux qu'un Génie lui apporte des cieux.

St. Pierre en médaillon, par *le Gros*.

Il tient d'une main un livre, comme dépositaire de la foi de l'Eglise, & de l'autre les clefs qui furent la récompense de la confession qu'il fit de la divinité de J. C., & la marque de son autorité.

En retour, l'Alliance de la France avec la Savoie, par le mariage du Duc de Bourgogne en 1698. *Poirier* a réprésenté l'union de la Paix & de l'Hymenée, sous les figures d'une jeune déesse & d'un jeune héros. L'Hymenée tient d'une main un flambeau, & donne l'autre à la Paix désignée par un rameau d'olivier.

Un *Ecce homo*; Bas-relief de *Marsy* l'aîné.

La Charité romaine, par *Cornu*.

Le Médaillon de St. Judde, par *Magnier* le fils. Cet Apôtre tient une équerre que lui donne la tradition, sans qu'on en sache la raison.

Une Nayade de *Challe*.

Hérodiade tenant la tête de St. Jean Baptiste, par *M. Ladatte*.

Uritès, l'un des géans qui entreprirent d'escalader le ciel, par *Dumont*. Il est renversé la tête en bas sur des rochers entassés les uns sur les autres, & percé d'un épieu dont une partie lui est restée dans le corps.

St. Sébastien, par *Coudray*.

Cléopâtre, Reine d'Egypte, par *Barrois*.

Galathée, amante d'Acis, par *le Lorrain*. Son symbole est un dauphin, parce qu'étant une des Néréïdes, elle faisoit son séjour sur les bords de la mer.

La Peinture & la Sculpture qui se consultent sur la manière dont elles doivent transmettre à la postérité la mémoire de Louis XIV. Celle-ci montre à sa compagne le portrait du Roi, où elle vient de travailler, & qu'elle est prête de retoucher sur ses avis. Celle-là est occupée de l'histoire du Prince ; ce qui est indiqué par une toile placée sur un chevalet, où sont ébauchés quelques traits de son histoire. Ce Bas-relief est de *Prou*.

Son pendant fait par *Rousselet*, représente la Musique qui se tourne vers Apollon, pour qu'il l'inspire dans la composition des airs qu'elle médite à la gloire de Louis XIV, dont le portrait est devant elle.

Le Grouppe de Laocoon moulé sur l'antique. Ce Prêtre d'Apollon & ses deux fils sont dévorés par des serpens sortis de la mer, en punition d'avoir dissuadé les Troyens de recevoir dans leurs murs le cheval de bois que les Grecs feignoient d'avoir dédié à Minerve. L'original fait d'un seul bloc de marbre, est l'ouvrage de trois sculpteurs Rhodiens, *Agesander*, *Polidore*, & *Atlienodor*.

Une Léda, par *Thierry*.

Méléagre mourant, & portant la main sur ses entrailles déchirées par des douleurs mortelles, à mesure que le tison fatal d'où dépendoit le cours de sa vie, se consumoit, par *Charpentier*.

Ulysse qui tend son arc, de *Boussseau*.

La Mort d'Hyppolithe, par *Lemoyne* l'oncle.

Le désespoir de Didon, au moment du départ imprévu d'Enée, par *Cayot*.

GRAVURE.

A droite en entrant, Lycurgue blessé dans une sédition, gravé par *Demarteau* dans la manière du crayon, d'après le dessin de *M. Cochin*.

Apollon & Marsyas, d'après *Carle Vanloo*, gravé par *Miger*.

Diane & Endimion, par *Jean-Charles le Vasseur*, d'après *J. B. Vanloo*.

Le Portrait de Jean Restout, professeur de l'Académie, par *P. E. Moitte*, d'après *M. de la Tour*.

Celui de Bouchardon, sculpteur, gravé par *Beauvarlet*, d'après *Drouais*.

Le Triomphe d'Apollon & de la Vertu invincible, gravé par *S. H. Thomassin*, d'après le grouppe fait par *Jean Thierry* dans les jardins de Saint-Ildephonse en Espagne.

Son pendant est le Triomphe d'Amphitrite, des mêmes Sculpteur & Graveur.

Le Portrait de Toqué, peintre, par *Cathelin*, d'après *Nattier*.

Celui de Puget, célèbre sculpteur, par *Jeaurat*.

St. Charles prenant soin des pestiférés, gravé par *M. Moreau*, d'après le bas-relief de marbre que *Puget* a fait à la consigne de Marseille.

Le Portrait de Leranbert, sculpteur, gravé par *Muller*, d'après *Belle*.

Celui de Louis Galloche, peintre, par le même, d'après *Toqué*.

Le Duc d'Antin, gravé par *N. Tardieu*, d'après *Rigaud*.

Le Portrait de Bourdon, peintre, par *Laurent Cars*, d'après le tableau de ce maître.

Celui d'Eustache le Sueur, peintre, gravé par *Charles-Nicolas Cochin*.

Une conversation galante, d'après *Lancret*, par *le Bas*.

Première embrasure. Le Portrait de

Girardon, sculpteur, par *du Change*, d'après *Rigaud*.

Celui de Coyzevox, sculpteur, d'après le même peintre, par *Jean Audran*.

Le Portrait de Jean Thierry, sculpteur, gravé par *Thomassin*, d'après *Largillière*.

Celui de Nicolas Coustou, d'après *le Gros*, gravé par *Charles Dupuis*.

Celui de M. Jeaurat, peintre, d'après *M. Roslin*, gravé par *Lempereur*.

Apollon qui couronne le Génie des arts, par *M. Guay*, graveur du Roi en pierres.

Le Sceau de l'Académie, par *M. du Vivier*, graveur de médailles du Roi, & général des monnoies de France. Il repréfente d'un côté le Roi, & de l'autre Minerve, avec cette légende *libertas artibus restituta*. La liberté rendue aux arts.

Des Soufres de pierres & cachets antiques réunis dans un même tableau

Le Portrait de Louis-Michel Vanloo, & celui de J. B. Vanloo son père, gravés par *Simon-Charles Miger*.

La Résurrection du fils de la veuve de Naïm que *Jouvenet* a peinte aux Récollets de Versailles, gravée par *G. du Change*.

Le Mariage de la Sainte Vierge, gravé par *Dupuis*, d'après *Carle Vanloo*.

Seconde embrasure. Le Portrait de Colin de Vermont, peintre, gravé par *Salvador Carmona*, d'après *M. Roslin*.

Celui de Boucher, peintre, par les mêmes.

Le Portrait de Jean-François-Paul le Normand de Tournehem, gravé par *Dupuis*, d'après *Toqué*.

Celui de Mignard, peintre, d'après *Rigaud*, gravé par *Schmidt*.

Troisième embrasure. Les Pélerins d'Emmaüs, d'après le tableau de *Paul Véronèse* qui est dans les appartemens du Roi à Versailles, gravé par *Thomassin*.

En retour. La Vie humaine, ou l'Homme condamné au travail, gravé par *S. Thomassin*, d'après *le Feti*.

La Susanne de *Santère*, par *Porporati*.

Tobie qui ensevelit les morts, gravé par *Cars*, d'après *M. Dandré Bardon*.

Un sujet allégorique à la gloire de Louis XIV, d'après *Louis de Boullongne*, gravé par *Simon Thomassin*.

Un Christ au tombeau, gravé par *du Change*, d'après *Paul Véronèse*.

Alcove. Une Copie en grisaille du Plafond du Val-de-grace, peint par *Mignard*. Ce peintre la fit faire par
Michel

Michel Corneille, pour la donner à l'Académie ; c'est un tableau rond, de même forme que l'original, & qui tourne sur un pivot, afin de montrer la composition de tous les sens.

Un Portrait d'homme.

Celui de Mademoiselle Chéron, peint de sa main.

Une Vue de mer sur laquelle sont plusieurs vaisseaux à flot, parmi lesquels on distingue le Grand-Louis, par *Van-Beck*.

Le portrait de *Rigaud*, peint par lui-même.

Un Saint André, demi-figure, du même peintre.

La mère de cet artiste, peinte par son fils.

La Chasse de Méléagre, par *Vanschuppen*.

Un Tableau d'animaux & de fruits, par *Oudry* le fils.

D

Le Buste d'une belle femme dans un état de douleur, par *Marsy* le jeune.

La Sainte Vierge au pied de la croix, dont on a descendu le Sauveur; grouppe en bronze, fait par *Hurtrelle*.

La Joie sous la figure d'une jeune femme couronnée de branches de lierre, arbuste consacré à Bacchus. *Tuby* a sculpté ce buste.

Minerve, protectrice des sciences & des arts, par *Verbreck*.

Rigaud & sa femme, par *Jean Daullé*, graveur.

André Bouis avec sa femme, gravé en manière noire par ce peintre.

SALLE DES PORTRAITS.

PEINTURE.

Au-dessus de la porte d'entrée, on a placé un tableau peint par *Servandoni*, où sont représentées des ruines d'architecture.

Henriette-Anne Stuart, fille de Charles I, Roi d'Angleterre, tenant le portrait, peint sur un bouclier, de Monsieur, Philippe de France, son mari, frère unique de Louis XIV, par *Antoine Matthieu* le père.

Hercule qui peint le portrait du Grand Condé sur une peau de lion, par *Heude*.

A droite. Le Portrait de Bon Boullongne, peintre, par *Allou*.

Celui de Leranbert, sculpteur, par *Belle*.

M. Allegrain, sculpteur & professeur de l'Académie, par *M. Duplessis*.

Coustou le jeune, sculpteur, par *de Lyen*.

Vancleve, sculpteur, par *Gobert*.

Bertin, peintre, par *de Lyen*.

Hallé le père, peintre, par *le Gros*.

Lemoyne le père, sculpteur, par *Toqué*.

Galloche, peintre, par le même.

Coustou l'aîné, sculpteur, par *le Gros*.

Oudry, peintre, par *M. Perroneau*.

D'Ulin, peintre, par *M. Nonotte*.

Adam l'aîné, sculpteur, par le même.

Largilliere, peintre, par *Gueslain*.

Corneille l'aîné, peintre, par *Tournieres*.

Le Portrait de Cars, fameux graveur, peint au pastel par *M. Perroneau*.

Le Portrait de Louis-Michel Vanloo, & celui de Jean-Baptiste Vanloo son père, peints dans le même tableau; présent fait à l'Académie par Louis-Michel Vanloo.

Le Clerc, peintre, par *M. Nonotte.*

Le Lorrain, sculpteur, par *Drouais.*

Guillain, sculpteur, par *Noël-Nicolas Coypel.*

Au-dessus de la porte de la galerie d'Apollon. La Présentation de Notre-Seigneur au temple; grand tableau de *Vouet*, donné à l'Académie en 1764 par M. de Julienne.

Le Portrait de Nattier, peintre, par M. *Voiriot.*

Celui de M. Pierre, premier peintre du Roi, par le même.

Christophe, peintre, par *Drouais.*

Favannes, peintre, peint par lui-même.

M. Dandré Bardon, par *M. Roslin.*

Le Portrait de Chardin, peintre, peint au pastel par *M. de la Tour*.

Celui de Henri Testelin, peintre, par *Tiger*.

Bouchardon, sculpteur, par *Drouais le fils*.

Tournieres, peintre, par *M. le Sueur*.

Le Portrait de François de Troy le père, par *Belle*.

Pyrame & Thisbé, par *M. Jeaurat*.

De Troy le fils, peintre, peint par *Aved*.

Colin de Vermont, peintre, par *M. Roslin*.

Vassé, sculpteur, par *Aubry*.

M. Hallé, peintre, par le même.

M. Jeaurat, peintre, par *M. Roslin*.

Cazes, peintre, par *Aved*.

Barrois, sculpteur, par *Gueslain*.

Carle Vanloo, premier peintre du Roi, par *M. le Sueur*.

Couſtou le fils, ſculpteur, par *Drouais le fils*.

La Cérémonie d'un Baptême Ruſſe, par *M. le Prince*.

Des Dames Maltoiſes ſe faiſant viſite, par *M. le Chevalier Favray*.

Le Portrait de Boucher, premier peintre du Roi, au paſtel, par *M. Lundberg*.

Celui de Rigaud, peint par lui-même.

Au-deſſus de la porte de la ſalle d'aſſemblée. Une Deſcente de croix peinte par *Jouvenet*; grand tableau qui a été long-temps au maître autel des Capucines, & que S. M. a donné à l'Académie, pour veiller à ſa conſervation.

Le Portrait de Largilliere, peint par lui-même.

Natoire, peintre, peint au pastel par *M. Lundberg*.

Le Chevalier Vleughels, peintre, par *Pesne*.

Silvestre, peintre, par *M. Valade*.

Le Portrait de Vernansal, peintre, par *le Bouteux*.

Fremin, sculpteur, par *Autreau*.

Le Portrait de Coyzevox, sculpteur, par *Hallé*.

Mercure qui coupe la tête d'Argus, par *de Troy* le père.

Le Portrait de Jouvenet, peintre, par *Tortebat*.

Celui de Houasse, peintre, par le même.

Deux marines dont l'auteur n'est pas connu.

Un Portrait inconnu d'un peintre.
Celui de Charles Coypel, premier peintre du Roi, peint par lui-même.

Lemoyne

Lemoyne fils, sculpteur, par *M. Valade.*

Bernard, peintre, par *Ferdinand le fils.*

Près de la croisée. Le Portrait de Testelin, peintre, par *le Brun.*

Celui de Vouet, peintre, par *Tortebat.*

Le Cardinal Mazarin, premier protecteur de l'Académie, par *le Nain.*

Le Portrait de Mauperché, peintre, par *Vignon.*

Buirette, sculpteur, par *Benoît.*

Loyr, peintre, par *Tiger.*

Antoine Coypel, premier peintre du Roi, peint par lui-même.

Au-dessus de la croisée. Le Portrait de Mignard donné à l'Académie par la Comtesse de Feuquieres sa fille: il est grand comme nature, assis & dessinant sur un porte-feuille qu'il tient de la main gauche. Sur la table sont des figures antiques & des deffins ; on voit à terre un Bufte de marbre & des inftrumens propres à la peinture.

Celui de Martin de Charmois, fieur de Lauré, Confeiller d'Etat, Directeur de l'Académie, dont il a été en quelque forte le père ; il eft peint par *Bourdon*.

Paillet, peintre, par *de Lamare*.

Verdier, peintre, par *Ranc*.

L'efquiffe du Tableau que *Michel Corneille* a peint à Notre-Dame. Il a pour fujet l'Apparition de Notre-Seigneur à fes Apôtres fur le bord du lac de Tibériade.

Les Portraits de Houaffe, peintre, & de Coyzevox, fculpteur, tous deux de forme ovale, peints par *Jouvenet* le jeune.

En retour. Le Portrait de Rigaud, peintre, par *le Bouteux*.

Marfy, fculpteur, par *Carré*.

Blanchard, peintre, par *Benoît*.

Le Portrait d'un sculpteur.

Celui de Noël Coypel, peintre, par *de Lamare*.

Le Portrait de le Hongre, sculpteur, peint par *Bouis*.

Regnaudin, sculpteur, par *Ferdinand* le fils.

Nicolas de Platte Montagne, peintre, par *Ranc*.

SCULPTURE.

Le Grouppe de Castor & de Pollux, moulé sur le marbre antique. Près d'eux est un petit autel; on y aperçoit aussi leur mère.

Une jeune Vestale moulée sur l'antique.

Un Faune qui semble de dépit jeter sa flute champêtre, moulé sur le marbre antique.

Deux têtes, l'une d'homme & l'autre de femme.

Théfée levant la pierre fous laquelle fon père avoit caché fes fouliers & fon épée, par *Larchevêque*.

Une Diane plus grande que nature, moulée fur le marbre antique placé dans la galerie de Verfailles.

Le Bufte du Chancelier le Tellier.

Deux Modèles de Têtes, dont une de Parrocel, par *J. B. Lemoyne*; l'autre eft moulée fur l'antique.

Un Chrift appuyé fur une colonne, par *Francin*.

Phorbas, berger des troupeaux de Polybe, Roi de Corinthe, détache Œdipe de l'arbre fur lequel il avoit été expofé, par *M. le Comte*.

Le berger Pâris qui préfente la pomme à Vénus, par *M. Gillet*.

Un Modèle allégorique de *M. A.*

Slodtz, représentant la Paix ramenée par la Victoire. Il a été donné à l'Académie par J. B. Lemoyne.

Le Buste de Largilliere, par *Lemoyne* le père.

Celui du Chancelier Boucherat.

Un Apollon plus grand que nature, moulé sur le marbre antique qui est à Belveder au Vatican.

Un Berger qui se repose, par *M. Mouchy*.

St. André en action de graces, près d'être martyrisé, par *M. d'Huez*.

Une Figure de fleuve, par *M. Caffieri*.

Une Amazône moulée sur l'antique.

La Figure d'un berger dormant, par *Vassé* le fils.

Narcisse, par *M. Allegrain*.

Une Tête de Séneque, moulée sur l'antique.

Hercule Commode, sous la figure d'Hercule qui tient un enfant, moulé sur le marbre antique placé au Belveder.

Une Tête de femme, moulée sur l'antique.

Milon Crotoniate qui essaye ses forces, en ouvrant un tronc d'arbre que des bucherons avoient entamé avec un coin, par *du Mont* le fils.

Prométhée attaché sur le mont Caucase ; un aigle lui dévore le foie, par *Adam* le cadet.

Jupiter prêt à lancer la foudre, par M. *Clodion Michel*.

Le Buste de J. B. Macé, peintre en miniature, par *J. B. Lemoyne*.

Le Martyre de St. Barthelemi, par *M. Bridan*.

Quintius Cincinnatus, moulé sur l'antique.

Aristée, par *M. Goys.*

Le buste de Carle Vanloo, peintre, par *M. Loir.*

Une Tête de femme, moulée sur l'antique.

Le Rémouleur, moulé sur le marbre antique conservé dans la galerie du Grand Duc à Florence.

Un Centaure qui porte en croupe un petit amour. L'original est à Rome dans la vigne Borghèse.

Le Gladiateur en attitude de combattant, moulé sur le marbre antique qui est à la vigne Borghèse.

La Vénus accroupie, moulée sur le marbre antique qu'on voit à Rome au palais de Médicis.

Le Torse d'une femme, fameux fragment de l'antiquité, moulé sur l'original en marbre qui se conserve à Rome.

Atalante, fille de Jasius, Roi d'Arcadie, moulée sur le marbre antique.

Un Buste d'homme.

Germanicus, moulé sur le marbre antique qui est dans la galerie de Versailles.

Un Buste d'homme.

Vénus aux belles fesses, moulée sur l'antique.

Le Buste de la mère de Rigaud.

Un Buste d'homme, moulé sur l'antique.

GRAVURE.

Près de la porte d'entrée. L'estampe de la Thèse allégorique de l'abbé de Ventadour, peinte en grisaille par *le Moine*, & gravée par *Cars*. On y voit Louis XV arrêtant d'une main la Victoire, & de l'autre offrant à l'Europe une branche d'olivier. La France se repose à ses pieds & commande à Bellone de cesser ses fureurs. Sur la droite du Roi, la Paix fait valoir à l'Europe la modération de ce Prince. Plus haut, la Religion, la Justice & la Prudence applaudissent à ce noble dessein, & le Temps s'empresse de faire connoître à l'univers un événement si glorieux.

Le Portrait du père de M. Bardon, gravé par *Thomassin*, d'après *J. B. Vanloo*.

Celui de M. Dandré Bardon, gravé par *Moitte*, d'après *M. Roslin*.

Près de la fenêtre. L'Estampe du Plafond que *le Brun* a peint dans la chapelle du Séminaire de St. Sulpice, gravée par *Simonneau*.

SALLE D'ASSEMBLÉE.

PEINTURE.

Au-dessus de la porte. Vénus qui vient demander à Vulcain des armes pour Enée, par *Natoire*.

Sur la cheminée. Un Sujet allégorique peint par *Sébastien Ricci*, en l'honneur de la France.

Le Portrait du Pape Benoît XIV, donné à l'Académie par M. Cochin. Il a été peint par *Subleyras*, artiste François célèbre à Rome, qui n'étoit point de l'Académie, quoique bien digne d'en être.

Celui de du Fresnoy, peintre & auteur d'un poëme latin sur la peinture, par *le Brun*.

Un Tableau de *M. Belle*, représentant Ulysse de retour à Ithaque, &

DE L'ACADÉMIE. 59

reconnu par fa nourrice à une marque qu'il a à la jambe.

Le Sacrifice d'Abraham, par *Charles Coypel*.

Hercule qui affomme les chevaux de Diomède, par *M. Pierre*, premier peintre du Roi.

En face des croisées. Un Tableau de fleurs, par *M. Bellengé*.

Un autre de fleurs par *Ladey*.

Le Naufrage d'Ulyffe dans l'île de Calypfo, par *Tremollicre*.

Pygmalion, amoureux de fon modèle, par *Raoux*.

Un Pélerinage à Cythère, par *Watteau*.

La Foire de Bezon, par *Debar*.

Un Tableau de *Nattier*, repréfentant Perfée qui pétrifie Phinée, en lui montrant la tête de Médufe.

Le Martyre de St. Sébastien, par *M. Amédée Vanloo.*

L'Enlèvement de Déjanire par le Centaure Nessus, de *M. de Lagrenée* l'aîné.

La Dispute de Pallas & de Neptune pour savoir qui des deux donneroit le nom à la ville d'Athènes, par *M. Hallé* le fils.

Un Tableau de *Chardin*, où l'on voit une raie, un chat & des ustensiles de cuisine artistement grouppés.

Une Halte d'armée, de *Pater.*

L'ambition de Tullie, par *M. Dandré Bardon.* Cette Princesse, fille de Servius Tullius, Roi des Romains, mariée à Tarquin le Superbe, consentit à l'assassinat de son père, pour faire jouir son mari du Royaume. Elle se hâte d'aller saluer Tarquin en qualité de Roi, & fait passer son chariot par-dessus le corps sanglant de son père, quoique ses chevaux épouvantés de ce spectacle en eussent horreur.

Une Charité romaine, de *M. Baldrighi*.

Apollon & Leucothoé, par *M. Boizot*.

Une Charité romaine, de *M. Bachelier*.

Un Port de mer, par *M. Vernet*.

Un Tableau où *M. Roland de la Porte*, a réuni un vase de porcelaine, une musette, un globe, & un livre de musique.

Le corps mort d'Hector préservé de la corruption par Vénus ; ouvrage de *Deshayes*.

Un Tableau de *Frontier*, dont le sujet est Jupiter qui commande à Vulcain d'attacher Prométhée sur le mont Caucase.

Diane & Endimion, de *Jean Baptiste Vanloo*.

Apollon & Daphné, de *Louis Michel Vanloo*.

Dédale qui attache des aîles à son fils Icare, par *M. Vien*, directeur de l'Académie à Rome.

Un Tableau de *Pellegrini*, représentant la Modestie qui offre l'ouvrage de ce peintre à l'Académie, sous la figure de la Peinture, avec le Génie de la France qui écrit le jugement qu'elle en porte.

Un Tableau où *M. Desportes* le fils a peint du gibier & du fruit.

Première embrasure. Un dessin à la sanguine de *M. Cochin*, représentant Lycurgue blessé dans une sédition. On en a vu l'estampe gravée en manière de crayon.

Un Cadre qui renferme six médaillons, dont trois en argent: le Portrait du Duc d'Orléans, Régent, par *Boit*; celui de M. de Menars, peint par

Rouquet; Pietre de Cortone, par *F. Flamand*; une mère de famille au milieu de ses enfans, peinte en émail, par *Boit*.

Un paysage orné de figures, par *Silvestre* fils aîné.

Un Tableau à gouache, représentant des ruines d'architecture, par *M. Clerisseau*.

Seconde embrasure. Le portrait jusqu'à la ceinture de M. le Comte d'Angiviller, peint en émail, par *M. Weyler*.

Un Tableau à gouache, de *Baudoin*.

Une mère dans sa cuisine, avec deux de ses enfans, par *M. Deschamps*.

Deux Pigeons hupés qui se becquetent, peints en miniature par *Madame Vien*.

Troisième embrasure. Un Marchand d'orviétan, par *Guérin*.

Les Portraits de Louis XV & du

Roi de Dannemarck dans un même cadre, peints en émail, par M. *Pasquier*.

Une Esquisse en grisaille de *Louis de Boullongne*, représentant Mercure qui tient le portrait du Duc d'Orléans, Régent, protecteur de la peinture & de la sculpture.

Des ruines d'architecture, de *M. Clerisseau*.

Au-dessus de la pendule. Une perspective de *le Maire*.

Dans les trumeaux. Le Portrait de Hurtrelle, sculpteur, par *Hallé* le père.

Un Tambour, par M. *Jeaurat de Bertri*.

Un paysage qu'éclaire un soleil couchant, de *Chastelain*.

Le Portrait de Monier, peintre, par *Tournieres*.

Un

Un Tableau d'animaux, de fleurs & de fruits, par *Huilliot*.

Un Payſage de *Chaſtelain*.

SCULPTURE.

Aux côtés de la cheminée, ſont placés les Buſtes du cavalier Bernin & de Carle Maratte. Ces buſtes, ainſi que les quatre autres qui ſont dans cette ſalle, ont été moulés à Rome par M. *Caffieri*, ſur ceux qui décorent leurs tombeaux : il les a donnés à l'Académie.

La Chûte d'Icare, par *Paul Slodtz*.

Caron, par *Hutin*.

Le Buſte d'Annibal Carrache.

Mercure, par *M. Pigalle*.

Le Buſte de Raphaël.

Celui de Louis XV, par *M. Gois*. Un bas-relief ſculpté ſur la face du piédeſtal, fait voir ce Prince qui prend l'Académie sous sa protection immédiate : il est de *M. Berruer.*

Le Buste de Michel-Ange.

Un jeune Faune tenant un chevreau, par *Saly.*

Le Buste de Pietre de Cortone.

Milon Crotoniate dévoré par un lion, de *M. Falconet.*

Hercule qui se charge de porter le ciel, & délivre Atlas de ce fardeau. Pour donner une idée de cette pensée, *Anguier* a représenté dans ce grouppe en terre cuite Atlas assis sur un roc, tandis qu'Hercule semble s'élever au sommet pour remplir la fonction de ce Roi de la Mauritanie.

Plutus, Dieu des richesses, par *Flamen* le fils, qui s'est contenté de le désigner par une corne d'abondance, d'où sortent des espèces de monnoies & de joyaux.

Un Satyre portant un chevreau sur ses épaules, moulé sur l'antique.

GRAVURE.

En commençant par la cheminée. On voit Diogene tenant le portrait du Cardinal de Fleury, & ayant une lanterne à la main. Au bas est cette épigraphe, *hominem quæro*, je cherche un homme. Cette estampe est gravée par *Thomassin*, d'après *Autreau*.

Le Portrait du grand Colbert, d'après *le Fevre*, par *Benoît Audran*.

Première embrasure du fond. L'estampe qu'a gravée *Dorigny* de la Descente de croix peinte par *Daniel de Volterre*.

L'Elévation de Notre-Seigneur en croix, d'après *le Brun*, gravée par *B. Audran*.

La Transfiguration de Notre-Seigneur gravée par *Dorigny*, d'après le fameux tableau de *Raphaël*.

Seconde embrasure. La Figure équestre de Fréderic V, Roi de Dannemarck, exécutée en 1768 par *Saly*, & gravée par *Preisler*.

Le Portrait de l'Abbé Terray, gravé par *Cathelin*, d'après M. *Roslin*.

Troisième embrasure. Une Estampe gravée par *N. Dupuis*, du monument que les États de Bretagne ont élevé dans la ville de Rennes, à la gloire de Louis XV, d'après l'ouvrage de *J. B. Lemoyne*.

Le Monument que la ville de Reims a fait ériger à Louis XV en 1765 par *M. Pigalle*, gravé par *Moitte*, d'après le dessin de *M. Cochin*.

Le Portrait de M. le Marquis de Menars, gravé par *J. G. Wille*, d'après le Tableau de Toqué.

GALERIE D'APOLLON.

PEINTURE.

Cette Galerie a été magnifiquement décorée sur les desseins de *le Brun* qui a peint deux tableaux au plafond, savoir, la Nuit qui succède au Soleil, & qu'éclaire la Lune sous la figure de Diane.

Le Sommeil paroît dans le second.

Les cinq autres morceaux dûs à des peintres modernes, représentent le Réveil, par *M. Renou* (1).

Le Printemps, par *M. Callet*; Zéphire & Flore accourent pour couronner la Terre & les Fleurs : les vents

---

(1) Ce tableau & le suivant ne sont pas encore placés.

doux, les amours, les jeux, les danses, tous les plaisirs semblent renaître.

L'Hiver : Eole déchaîne les vents qui couvrent les montagnes de neige; les eaux des fleuves glacées & l'inaction du Temps indiquent que dans l'hiver la végétation semble arrêtée : ce tableau est de M. *de Lagrenée* le jeune.

L'Eté : Cérès & ses compagnes implorent le soleil, & attendent pour moissonner, qu'il ait atteint le signe de la Vierge. La Canicule vomit des flammes & des vapeurs pestilentielles; des Zéphirs par leur souffle diminuent son ardeur & purifient l'air. *M. du Rameau* a peint ce tableau.

Le Triomphe de Bacchus qui désigne l'Automne, par *M. Taraval*.

Les cadres de ces tableaux sont soutenus par des Cariatides en stuc, & sur la corniche se voient des enfans & des figures symboliques. Ces riches ouvrages de sculpture furent distribués aux deux *Marsy*, à *Regnaudin* & à *Girardon*.

A l'extrémité du plafond, du côté de la rivière, est représenté le triomphe de Neptune & de Thétis, sur leur char traîné par des chevaux marins, quantité de Tritons & de Néréides forment leur cour. Ce chef-d'œuvre de *le Brun* est entouré d'un grand rideau qui semble n'avoir été levé que pour le découvrir aux yeux. Sur le devant de la corniche paroît une Figure de fleuve appuyé sur son urne.

Près de la grand'porte, en commençant à droite, est un Tableau de M. *Robert*, représentant le port de Rome orné de différens monumens d'architecture antique & moderne.

Un dessin à l'encre de la Chine, d'un escalier pour la nouvelle salle de la comédie françoise, par *M. de Wailly*.

Magon, après la bataille de Cannes, demande de nouveaux secours au Sénat de Carthage, par *Amand*.

Le Centaure Nessus puni par Hercule de la violence qu'il avoit voulu faire à Déjanire sa femme. Le peintre a feint qu'en traversant le fleuve Evene & ayant Déjanire en croupe, ce Centaure fut percé d'une flèche que lui tira Hercule. La Victoire couronne ce héros : il a pour témoins de sa vengeance le Dieu du fleuve & sa Nayade, par *F. Tavernier*, secrétaire de l'Académie en 1714.

Une Perspective, de *M. de Machy*.

Une Bataille, de *M. Loutherbourg*.

Deux Tableaux peints à gouache, par *M. Perignon*.

Jupiter chez Philémon & Beaucis, par *M. Restout* le fils.

Un

Un Tableau du *Valentin*, représentant la Mort de la Vierge (*a*).

Une Descente de croix, de *le Brun*, gravée par *B. Audran*.

Les quatre fameuses Batailles, du même Peintre, savoir, le Passage du Granique, la Bataille d'Arbelles, la Défaite de Porus, ou plutôt l'instant où ce Roi des Indes obtient de son vainqueur la vie & la couronne. Le quatrième tableau est l'Entrée triomphante d'Alexandre dans Babylone : ces batailles ont été savamment gravées par *Gérard Audran*.

On voit sur un chevalet la décoration du Sacre du Roi à Reims le 11 Juin 1775, dessinée d'après nature, & gravée par *Jean Moreau* le jeune, des-

---

(*a*) Ce tableau & quelques autres, dont je n'ai point parlé, quoiqu'ils soient placés dans cette galerie, appartiennent au Roi.

sinateur & graveur du cabinet du Roi.

Sept Tableaux posés sur des chevalets, savoir, le Portrait de Jules-Hardouin Mansart, par *Rigaud*.

Celui du Chevalier Matthias Preti, dit le Calabrois, peint par lui-même à Malte pour le Commandeur Bardon, oncle de M. Dandré Bardon qui l'a donné à l'Académie en 1775.

Le Portrait de Corneille le père, peintre, par *L. M. Vanloo*.

Celui de M. Belle, Peintre, professeur de l'Académie, peint en pastel sur cuivre, par M. *Loir*.

M. Pigalle, sculpteur, en habit de Chevalier de l'Ordre de St. Michel, par *Madame Roslin*.

Adam le jeune, sculpteur, par M. *Aubry*.

Le Portrait de l'Abbé Terray, par M. *Roslin*.

L'Etude qui arrête le Temps, par M. Menageot.

Une Allégorie qu'a peinte M. Suvée sur la liberté rendue aux arts par l'édit du mois de Mars 1777. L'Etude délivrée des entraves dont elle étoit accablée, espère de plus grands succès : la Peinture lui montre le monument qui constate cette heureuse révolution que la Renommée publie dans les airs. La Sculpture presse contre son sein le buste du Monarque bienfaisant. L'Architecture indique à une foule de jeunes gens la route du Temple de mémoire. L'Amour des arts jonche de fleurs le chemin qui conduit à l'immortalité : l'encens fume sur l'autel de la Liberté & s'élève au ciel avec les vœux des François.

Sur la porte de la galerie, vis à-vis des fenêtres, le Portrait de Louis XIV en pied & en habits royaux, par *Rigaud*.

Un grand Tableau de l'Annonciation, par *le Tintoret*.

Un Tableau de *Mademoiselle Vallayer*, représentant les attributs de la Peinture, de la Sculpture & de l'Architecture.

L'Adoration des Bergers, par *le Brun*.

Les Marchands chassés du Temple.

Notre-Seigneur chez Simon le Pharisien.

Les Bains de Diane.

Un Tableau dans lequel *Mademoiselle Vallayer* a rassemblé différens instrumens de musique.

La Poësie, l'Astronomie, l'Histoire & la Musique, quatre tableaux peints par *Mignard*.

Deux Tableaux de *Vouet*, Vénus & l'Amour : Vénus essayant une flèche que son fils lui présente.

L'Empereur Sevère reprochant à Caracalla son fils d'avoir voulu l'assassiner dans les défilés d'Ecosse, en lui disant : si tu veux ma mort, ordonne à Papinien de me la donner avec cette épée, par *M. Greuze*.

La Sculpture travaillant au portrait de Louis XIV, par *Yvart*.

Deux Marines, peintes par *Manglard*.

Deux Tableaux d'*Antoine Lebel*, dont une Vue de mer.

Un Saint Jean, d'après *Raphaël*.

Deux Paysages ornés de figures, par *Poitreau*.

Un homme qui tient un verre de vin & est éclairé par une bougie, de *Madame Terbouche*.

Des Fleurs, par *Baptiste*.

Adam & Eve, par *Dumons*.

Des Chiens de chasse, par *Desportes* le neveu.

Clorinde, par *Briard*.

Une Foire, de *M. Lenfant*.

Un Paysage, de *M. Juliart*.

Un Dogue se jetant sur des oies, par *M. Huet*.

Le Buste de Louis XIV dans un ovale placé sur plusieurs instrumens de musique, par *Garnier*.

Au-dessus de la porte, Louis XIV à cheval & couronné par la Victoire; grand tableau de *Mignard*.

SCULPTURE.

Aux côtés de la porte, sont placés les Bustes d'André del Sarte, & de Salvator Rose, fameux peintres Italiens. *M. Caffieri* les a moulés à Rome, & en a fait présent à l'Académie.

Silène qui tient Bacchus enfant dans ses bras.

Le Sanglier, d'après l'antique.

Une Figure de femme couchée sur un matelas, appelée l'hermaphrodite. Ces trois morceaux sont moulés sur l'antique.

Le Buste de Louis XIV moulé sur l'original de marbre fait par *le Bernin* à Versailles.

Le Cheval écorché.

Une autre Hermaphrodite.

Le grand Faune tenant un enfant. Ces trois morceaux sont moulés sur l'antique.

Othryadès, Lacédémonien, resté seul sur le champ de bataille & blessé mortellement, dresse à Jupiter un trophée sur lequel il écrit avec son sang, par *M. Sergell*.

Un petit Bacchus avec une Panthère qui mange des raisins, par M. Taffard.

Un Berger, par M. Foucoux.

Méléagre, de M. Boizot le fils.

Morphée, par M. Houdon.

Saint Sébaftien, de M. de Joux.

Antinoüs, moulé fur l'antique.

Le Génie du printemps ornant de fleurs le figne du zodiaque, par M. Monot.

Bacchus moulé fur l'antique.

Le Gladiateur mourant, de M. Julien.

Le Torfe moulé fur l'antique.

CABINET

DES

ESTAMPES.

ON y voit un grand Tableau de *Licherie*, repréſentant Abigaïl, qui vient offrir à David des vivres que Nabal ſon mari lui avoit refuſés. Les femmes ſuivantes d'Abigaïl, la diverſité de ſes dons, la beauté du payſage, la variété des ſites rendent ce ſujet agréable.

L'Académie contente du dépôt précieux que forment dans ſes ſalles les ouvrages de réception de ſes Membres & leurs portraits, avoit toujours négligé de les confier au burin : ce ne fut qu'en 1762, qu'elle arrêta de les faire traduire & multiplier par la gravure; ouvrage qui avec le temps, formera une suite d'estampes très-intéressante.

F I N.

ACADÉMIE
ROYALE
DE PEINTURE,
ET
DE SCULPTURE.

Année 1781.

ACADÉMIE

LE ROI, *Protecteur.*

M. LE COMTE DE LA BILLARDRIE D'ANGIVILLER, Conseiller du Roi en ses Conseils, Mestre de camp de Cavalerie, Chevalier de l'Ordre Royal & Militaire de Saint-Louis, Commandeur de l'Ordre de Saint-Lazare, Intendant du Jardin du Roi, Directeur & Ordonnateur général des Bâtimens de Sa Majesté, Jardins, Arts, Académies & Manufactures royales, de l'Académie royale des Sciences : *Place nouvelle du Louvre.*

ADJOINT.

M. LE MARQUIS DE MENARS, Commandeur des Ordres du Roi, Conseiller d'Etat ordinaire d'Epée,

Lieutenant général des provinces de Beauce & d'Orléanois, Directeur & Ordonnateur général des Bâtimens du Roi, Jardins, Arts, Académies & Manufactures royales, Capitaine-Gouverneur du Château royal de Blois, & Gouverneur de la ville, *en son hôtel, place des Victoires*.

OFFICIERS.

DIRECTEUR.

1770.

M. Pierre, Chevalier de l'Ordre du Roi, premier Peintre de Sa Majesté & de Monseigneur le Duc d'Orléans, Honoraire-Amateur de l'Académie d'Architecture, & Honoraire Associé libre de l'Académie impériale de St. Pétersbourg, Adjoint à Rec-

-teur en 1768, Professeur en 1748, Adjoint à Professeur en 1747, Académicien en 1742 : *Place du Louvre.*

CHANCELIER

ET ANCIEN DIRECTEUR.

1763.

M. DU MONT le Romain, P. Chancelier en 1768, Recteur en 1752, Adjoint à Recteur en 1747, Professeur en 1736, Adjoint à Professeur en 1733, Académicien en 1728, (quartier de Juillet) : *rue du Petit-Bourbon Saint-Sulpice.* La mort de M. du Mont a occasionné quelques changemens dans les grades de Messieurs les Officiers.

RECTEURS.

1765.

M. JEAURAT, P. Garde des Tableaux du Roi, Associé honoraire de l'Académie royale de Peinture, Sculpture

& Architecture de Toulouse, Adjoint à Recteur en 1761, Professeur en 1743, Adjoint à Professeur en 1737, Académicien en 1733 (quartier d'Avril) : *à Versailles.*

1777.

M. Pigalle, S. Chevalier de l'Ordre du Roi, de l'Académie royale des Sciences, Belles-Lettres & Arts de Rouen, Adjoint à Recteur en 1770, Professeur en 1752, Adjoint à Professeur en 1745, Académicien en 1744, (quartier de Janvier) : *à l'ancien hôtel de Nassau, rue St. Lazare, à la Barrière-Blanche.*

1778.

M. Dandré Bardon, P. ancien Professeur des élèves protégés par le Roi, pour la Fable, l'Histoire & la Géographie, Membre de l'Académie des Belles-lettres, Sciences & Arts de Marseille, & Directeur perpétuel

tuel de l'Académie de Peinture, Sculpture & Architecture civile & navale établie en cette même ville par lettres patentes de S. M., Professeur en 1752, Adjoint à Professeur en 1737, Académicien en 1735, (quartier d'Octobre) : *Place du vieux Louvre.*

ADJOINTS A RECTEUR.

1777.

M. HALLÉ, P. Chevalier de l'Ordre du Roi, Sur-Inspecteur de la Manufacture des tapisseries de la Couronne, Trésorier en 1777, Professeur en 1755, Adjoint à Professeur & Académicien en 1748 : *rue Pierre-Sarrazin.*

1778.

M. VIEN, P. Chevalier de l'Ordre du Roi, Directeur de l'Académie de France à Rome, Associé honoraire de l'Académie de S. Luc de Rome,

H

& de l'Académie royale de Peinture, Sculpture & Architecture de Toulouse, Académicien & Adjoint à Professeur en 1754, Professeur en 1759: *à Rome.*

HONORAIRES-AMATEURS.

1742.

M. GABRIEL, Ecuyer, Conseiller du Roi, premier Architecte honoraire de Sa Majesté, honoraire Associé libre de l'Académie impériale de St. Pétersbourg: *devant les Galeries du Louvre.*

1765.

M. le Chevalier DE VALORY, Associé libre en 1747: *rue des Filles Saint-Thomas, au coin de la rue Vivienne.*

1766.

M. WATELET, Receveur Général des finances, de l'Académie Françoise, Associé libre en 1747: *Cour du vieux Louvre.*

1767.

M. le Marquis DE VOYER, Lieutenant-Général des Armées du Roi, Lieutenant-Général de la province d'Alsace, Gouverneur de Romorentin, Inspecteur-Général de Cavalerie & Dragons, Gouverneur du château de Vincennes, Associé libre en 1749 : *rue des Bons-Enfans.*

1754.

M. BERGERET, Commandeur, Trésorier-Général honoraire de l'Ordre Militaire de Saint-Louis, Receveur-Général des finances : *rue du Temple, près du boulevart.*

1777.

M. le Duc DE BOUILLON, Maréchal des camps & armées du Roi, Grand Chambellan, Associé libre en 1760: *à l'hôtel de Bouillon.*

1778.

M. DE BOULLONGNE, Conseiller d'Etat

ordinaire & au Conseil royal, Associé libre en 1760: *rue St. Honoré, vis-à-vis les Jacobins.*

1780.

M. Montullé, Conseiller d'Etat, Secrétaire honoraire des commandemens de la Reine, honoraire Associé libre en 1764: *rue du Cherchemidi.*

HONORAIRES ASSOCIÉS LIBRES.

1767.

M. l'Abbé Pommyer, Conseiller en la Grand'Chambre du Parlement, Abbé de Bonneval: *rue de Brac.*

M. Blondel d'Azincour, Lieutenant-Colonel d'Infanterie, Chevalier de l'Ordre de Saint-Louis, honoraire Amateur de l'Académie de Marseille: *rue de Vendôme, près de la rue Charlot.*

1769.

M. DE BEZENVAL, Baron de Bronnstalt, Grand-Croix de l'Ordre Royal & Militaire de St. Louis, Lieutenant-Général des armées du Roi, Inspecteur-Général des Suisses & Grisons, & Lieutenant-Colonel des Gardes-Suisses, *rue de Grenelle, près de la barrière des Invalides.*

1777.

M. l'Abbé DE SAINT-NON, Abbé de Poultiere : *Hôtel de Montbazon, fauxbourg Saint-Honoré.*

1778.

M. le Duc DE ROHAN CHABOT, *à l'Hôtel de la Rochefoucault, rue de Seine, fauxbourg St. Germain.*

1779.

M. le Comte D'AFFRY, Grand-Croix de l'Ordre Royal & Militaire de Saint-Louis, Lieutenant-Général des armées du Roi, Colonel des Gardes Suisses, & honoraire Associé libre de l'Académie royale d'Architecture : *Place de Vendôme.*

1780.

M. LE BAILLI DE BRETEUIL, Ambassadeur de la Religion : *Fauxbourg Saint-Honoré.*

1781.

M. le Comte DE BREHAN, *rue S. André des Arts*, a succédé à M. Turgot.

ANCIENS PROFESSEURS.

1776.

M. LA DATTE, S. Adjoint à Professeur en 1743, Académicien en 1741 : *à Turin.*

1780.

M. FALCONET, S. honoraire Associé libre de l'Académie impériale de Saint-Pétersbourg, Professeur en 1761, Adjoint à Professeur en 1755,

DE PEINTURE, &c.

Académicien en 1754: *rue des Fos-soyeurs.*

PROFESSEURS.

1759.

M. ALLEGRAIN, S. Adjoint à Professeur en 1752, Académicien en 1751, (Septembre, Février. S.) *rue Meslé & aux Galeries du Louvre.*

1762.

M. DE LA GRENÉE, l'aîné, P. de l'Académie des Arts de St. Pétersbourg, & Associé honoraire de celle de Toulouse, Adjoint à Professeur en 1758, Académicien en 1755, (Novembre, Décembre. S.) : *aux Galeries du Louvre.*

1765.

M. BELLE. P. Inspecteur de la Manufacture royale des Gobelins, Adjoint à Professeur en 1762, Académicien en 1761, (Août, Novembre. S.): *aux Gobelins.*

1766.

M. Pajou, S. de l'Académie des Inscriptions & Belles-Lettres, des Académies de Bologne & de Rome, & de celle de Toulouse, Adjoint à Professeur en 1762, Académicien en 1760, (Mars, Mai. S.): *rue Froidmanteau, vis-à-vis la place, & Cour du vieux Louvre.*

1770.

M. Van-Loo, Peintre du Roi de Prusse, Adjoint à Professeur en 1760, Académicien en 1747, (Mai, Août. S.) : *Cour du vieux Louvre, au Pavillon des Archives.*

M. Bachelier, P. Adjoint à Professeur en 1763, Académicien en 1752, (Janvier, Juin. S.) : *rue de Bourbon, fauxbourg St. Germain, vis-à-vis l'hôtel de Montmorency.*

1773.

M. Caffieri, S. Adjoint à Professeur

en 1765, Académicien en 1759:
(Février, Septembre. S.) : *rue des
Canettes, près St. Sulpice*, ou *Cour
du Louvre.*

1776.

M. DOYEN, P. premier Peintre de
Monsieur & de Monseigneur le
Comte d'Artois, Adjoint à Professeur en 1767, Académicien en 1759,
(Octobre, Juillet. S.) : *aux Galeries
du Louvre & Cour du vieux Louvre.*

1777.

M. D'HUÉS, S. Adjoint à Professeur
en 1770, Académicien en 1763,
(Juin, Avril, S.) : *rue des Poulies* ou
Cour du Louvre.

M. LÉPICIÉ, P. Adjoint à Professeur
en 1770, Académicien en 1769,
(Juillet, Octobre. S.) : *à l'Académie
de Peinture* ou *Cour du vieux Louvre.*

1778.

M. BRENET, P. Adjoint à Professeur

en 1773, Académicien en 1769; (Décembre, Mars.) S.: *Cour du vieux Louvre.*

ADJOINTS A PROFESSEURS.

1773.

M. Bridan, S. Académicien en 1772: *Cour du vieux Louvre.*

1776.

M. Durameau, P. Peintre de la Chambre & du Cabinet du Roi, Académicien en 1774: *Cour du vieux Louvre.*

M. Gois S. Académicien en 1770: *Cour du vieux Louvre.*

M. de la Grenée le jeune, P. Académicien en 1774: *Cour du vieux Louvre.*

M. Mouchy, S. Académicien en 1768: aux *Galeries* ou *Cour du vieux Louvre.*

1778.

M. Taraval, de l'Académie royale

des Arts de Stockolm, Académicien en 1769 : *Cour du vieux Louvre.*

PROFESSEUR
POUR L'ANATOMIE.
1772.

M. SUE, Professeur royal en Anatomie aux Écoles de Chirurgie, Censeur royal, Conseiller du Comité de l'Académie royale de Chirurgie, de la Société royale de Londres, de la Société philosophique d'Edimbourg, & Major de l'Hôpital de la Charité, Adjoint à Professeur en 1746 : *rue des Fossés St. Germain, au coin de la rue de l'Arbre-sec.*

PROFESSEUR
POUR LA PERSPECTIVE.
1778.

M. LE CLERC, Adjoint en 1758 : *aux Gobelins.*

CONSEILLERS.

1751.

M. DE LA TOUR, P. Académicien en 1746 : *aux Galeries du Louvre.*

1766.

M. VERNET, P. Académicien en 1753; *aux Galeries du Louvre.*

1767.

M. ROSLIN, P. Chevalier de l'Ordre de Vafa, de l'Académie royale de Peinture & Sculpture de Stockolm, Académicien en 1753 : *aux Galeries du Louvre.*

1771.

M. LE BAS, Graveur du Cabinet du Roi, Académicien en 1743 : *rue de la Harpe vis-à-vis la rue Poupée.*

1772.

M. LE PRINCE, P. Académicien en 1765 : *Cour du vieux Louvre.*

DE PEINTURE, &c. 101

1775.

M. DE MACHI, P. Académicien en 1758 : *Cour du vieux Louvre.*

1776.

M. COCHIN, G. Chevalier de l'Ordre de St. Michel, Garde des Deſſins du Cabinet de S. M., de l'Académie royale des Sciences, Belles-Lettres & Arts de Rouen, Secrétaire & Hiſtoriographe en 1755, Académicien en 1751 : *aux Galeries du Louvre.*

1780.

M. DUPLESSIS, P. Académicien en 1774 : *Cour du Louvre.*

ADJOINT A SECRÉTAIRE.

1776.

M. RENOU, Peintre de feu S. M. le Roi de Pologne, Duc de Lorraine & de Bar, de la Société patriotique de Heſſe-Hombourg : *Cour du vieux Louvre.*

ACADÉMICIENS.

1737.

M. Boizot, P. : *aux Gobelins.*

1741.

M. Lundberg, P. premier Peintre de S. M. le Roi de Suede, Intendant de sa Cour, & Chevalier de son Ordre royal de Vasa : *à Stockolm.*

M. Nonnotte, P. Membre de l'Académie des Sciences, Belles-Lettres & Beaux-Arts de Lyon & de Rouen : *à Lyon.*

1745.

M. Lenfant, P. : *aux Gobelins.*

1746.

M. Antoine le Bel, P. : *rue de Bourbon, à la maison des Théatins.*

1747.

M. le Sueur, P. : *absent.*

1748.

M. Guay, Graveur du Roi, en pierres: aux Galeries du Louvre.

1749.

M. Tardieu, Graveur de S. A. S. Electorale de Cologne: *rue du Plâtre St. Jacques.*

1753.

M. Perronneau, P.: *au petit Charonne.*

1754.

M. Valade, P.: *Cloître St. Honoré.*

1756.

M. Jeaurat de Bertry, P.: *Cour abbatiale de St. Germain-des-Prés.*

M. Baldrighi, premier Peintre de S. A. R. l'Infant, Duc de Parme: *à Parme.*

1757.

M. Gillet, S. ancien Directeur de l'Académie Impériale de St. Pétersbourg, & Honoraire de l'Académie Clémentine de Bologne : *Fauxbourg St. Honoré à l'hôtel de Charoſt.*

M. DESPORTES le neveu, P. : *quai des Auguſtins, maiſon du notaire.*

Madame VIEN, P. : *à Rome.*

1759.

M. JULIART, P. : *aux Gobelins.*

M. VOIRIOT, P. de l'inſtitut de Bologne, de l'Académie de Florence & de celle des Sciences, Belles-Lettres & Arts de Rouen : *rue neuve des Petits-Champs, vis-à-vis la rue Chabannois.*

1761.

M. WILLE, G. : *quai des Auguſtins, près la rue Pavée.*

M. SALVADOR CARMONA, G. Penſionnaire de S. M. C., de l'Académie royale de Saint-Ferdinand,

Associé honoraire de celle de Toulouse : *à Madrid.*

1762.

M. Favray, P. Chevalier de Malte : *à Malte.*

1763.

M. Casanova, P. : *rue des Amandiers Fauxbourg Saint-Antoine, près des Dames de Popincourt, & Cour du Louvre.*

M. Roland de la Porte, P. : *rue St. Thomas du Louvre.*

1764.

M. Descamps, P., de l'Académie royale des Sciences, Belles-Lettres & Arts de Rouen : *à Rouen.*

M. Bellengé, P., de l'Académie des Sciences, Belles-Lettres & Arts de Rouen : *Cour du Louvre, ou à la Savonerie.*

1765.

M. Guerin, P. : *rue Michel-le-Comte, près la rue Beaubourg.*

1766.

M. Robert, P. : *aux Galeries du Louvre.*

1767.

Madame Therbouche, P. : *en Pruſſe.*

M. Loutherbourg, P. : *rue Coquilliere, près de la rue de la Croix des Petits-Champs, ou à Londres.*

1769.

M. Huet, P. : *Cour du vieux Louvre.*

M. Greuze, P. : *rue Notre-Dame des Victoires.*

M. Clerisseau, P., de la Société des Arts de Londres : *Cour du Louvre.*

M. Pasquier, P. : *aux Galeries du Louvre.*

M. Restout, P., de l'Académie des

Sciences, Belles-Lettres & Arts de Rouen, de l'Académie des Belles-Lettres de Caën, & de celle de Peinture, Sculpture & Architecture de Toulouse : *aux Galeries du Louvre.*

1770.

M. Berruer, S. : *Cour du vieux Louvre.*

Mademoiselle Vallayer, P. : *aux Galeries du Louvre.*

1771.

M. Beaufort, P. : *Cour du vieux Louvre.*

M. le Vasseur, G. : *rue des Maçons.*

M. de Wally, de l'Académie royale d'Architecture : *au petit Hôtel de Condé, rue de Condé, ou au Louvre.*

M. le Comte, S. : *Cour du vieux Louvre.*

1773.

M. Porporati, G. : *à Turin.*

M. Jollain, P. : *rue des Poulies, vis-*

à-vis la Colonnade, ou *Cour du vieux Louvre.*

M. Roettiers, G. : *aux Galeries du Louvre.*

1774.

M. Perignon, P. : *rue Bailleul, près la rue des Poulies.*

M. Aubry, P. : *à Rome.*

1776.

M. Lempereur, G. : *rue & porte St. Jacques.*

M. Muller, G. : *à Stoucar.*

M. Beauvarlet, G.: *rue de Tournon, maison de M. Simon.*

M. du Vivier, G. Graveur des médailles du Roi, & Graveur général des monnoies de France : *aux Galeries du Louvre.*

1777.

M. Cathelin, G. : *rue du Roule, maison de Madame Vallayer.*

M. Houdon, S. Membre de l'Académie de Touloufe : *à la Bibliothèque du Roi au Roule.*

1778.

M. Miger, G. : *Place de l'Eſtrapade, au coin de la rue des Poſtes, au bâtiment neuf.*

M. Boizot fils, S. : *Place St. Sulpice, au bâtiment neuf.*

1779.

M. Loir, P. : *rue neuve des Petits-Champs, au coin de la rue neuve St. Roch.*

M. Julien, S. : *rue neuve de Richelieu, Place Sorbonne,* ou *Cour du Louvre.*

M. de Joux, S. : *Cour du Louvre,* ou *au Palais Bourbon.*

M. Monot, S. : *Cour du Louvre.*

M. Weyler, P. : *rue du Mail, maiſon de M. Cadet.*

1780.

M. Suvée, P. : *Place du Carroufel, à l'Orfévrerie du Roi.*

M. Callet, P. : *à la Barrière de Sévres.*

M. Ménageot, P. : *rue de Cléry, à l'Hôtel de Luber.*

───────────────

Phlipault, Concierge de l'Académie.

Peronet, Huiffier de l'Académie : *rue Saint-Denis, près de la rue de la Tabletterie, à la Barbe d'or.*

APPROBATION.

J'AI lu par ordre de Monseigneur le Garde des Sceaux, *la Description sommaire des Ouvrages de Peinture, Sculpture & Gravure déposés dans les salles de l'Académie Royale*, par M. DESALLIER D'ARGENVILLE : ce Livre peut être utile aux Amateurs, & ne contient rien qui doive en empêcher l'impression. A Paris, le 2 Mars 1781. *Signé*, ROBIN.

PERMISSION DU ROI.

LOUIS, par la grace de Dieu, ROI DE FRANCE ET DE NAVARRE : A nos amés & féaux Conseillers, les Gens tenans nos Cours de Parlement, Maîtres des Requêtes ordinaires de notre Hôtel Grand-Conseil, Prevôt de Paris, Baillis, Sénéchaux, leurs Lieutenans Civils, & autres nos Justiciers qu'il appartiendra : SALUT. Notre amé le sieur DESALLIER D'ARGENVILLE Nous a fait exposer qu'il desireroit faire imprimer & donner au Public *la Description des Ouvrages de Peinture, Sculpture & Gravure déposés dans la salle de notre Académie*, s'il Nous plaisoit lui accorder nos Lettres de Permission pour ce nécessaires. A CES CAUSES, voulant favorablement traiter l'Exposant, Nous lui avons permis & permettons par ces Présentes, de faire imprimer ledit Ouvrage autant de fois que bon lui semblera, de le faire vendre & débiter par tout notre Royaume, pendant le tems de cinq années consécutives, à compter du jour de la date des Présentes. Faisons défenses à tous Imprimeurs, Libraires, & autres personnes, de quelque qualité & condition qu'elles soient, d'en introduire d'impression étrangere dans aucun lieu de notre obéissance ; à la charge que ces Présentes seront enregiſtrées tout au long ſur le Regiſtre de la Communauté des Imprimeurs & Libraires de Paris, dans trois mois de la date d'icelles ; que l'impreſſion dudit Ouvrage ſera faite dans notre Royaume & non ailleurs, en beau papier & beaux caractères, que l'Impétrant ſe conformera en tout aux Règlemens de la Librairie, & notamment à celui du 10 Avril 1725, & à l'Arrêt de notre Conſeil du 30 Août 1777, à peine de déchéance de la préſente Permiſſion ; qu'avant de l'expoſer en vente, le manuſcrit qui aura ſervi de copie à l'impreſſion dudit Ouvrage, ſera remis dans le même état où l'approbation y aura été donnée, ès mains de notre très-cher & féal Chevalier, Garde des Sceaux de France, le ſieur HUE DE MIROMENIL, Commandeur de nos Ordres, qu'il en ſera enſuite remis deux Exemplaires dans notre Bibliotheque publique, un dans celle de notre Château du Louvre, un dans celle de notre très-cher & féal Chevalier Chancelier de France le Sieur DE MAUPEOU, & un dans celle dudit ſieur HUE DE MIROMENIL : le tout à peine de nullité des Préſentes. Du contenu deſquelles vous mandons & enjoignons de faire jouir ledit Expoſant & ſes ayans cauſes, pleinement & paiſiblement, ſans ſouffrir qu'il leur ſoit fait aucun trouble ou empêchement ; voulons qu'à la copie des Préſentes, qui ſera imprimée tout au long, au commencement ou à la fin dudit Ouvrage, foi ſoit ajoutée comme à l'original. COMMANDONS au premier notre Huiſſier ou Sergent ſur ce requis, de faire pour l'exécution d'icelles, tous actes requis & néceſſaires, ſans demander autre permiſſion, & nonobſtant clameur de haro, charte normande & lettres à ce contraires ; CAR tel eſt notre plaiſir. DONNÉ à Paris, le deuxième jour du mois de Mai, l'an de grace mil ſept cent quatre-vingt-un, & de notre Regne le ſeptieme. Par le Roi en ſon Conſeil, LEBEGUE.

Regiſtré ſur le Regiſtre XXI. de la Chambre Royale & Syndicale des Libraires & Imprimeurs de Paris. n°. 2324. fol. 499, conformément aux diſpoſitions énoncées dans la préſente Permiſſion, & à la charge de remettre à ladite Chambre les huit exemplaires preſcrits par l'article CVIII du Règlement de 1723. A Paris, ce 14 Mai 1781.

QUILLAU, Adjoint.

www.ingramcontent.com/pod-product-compliance
Lightning Source LLC
Chambersburg PA
CBHW070243230526
45470CB00002B/473